U0916518

Luokefeile
De Renshengzhihui

洛克菲勒的人生智慧

郑一◎编著

白手起家的经验和智慧
超中肯的教诲和指导

走近石油大亨的财智人生

前人的经验，使我们少走了许多弯路；
前人的智慧，让我们的脚步走得更远；
前人的忠告，让我们避开险路和歧途；
洛克菲勒的人生忠告，汇集世界石油大亨一生的思想精粹；
帮助你塑造正确的人生观、价值观，给你成长所需的养分，助你开创辉煌之路。

中国纺织出版社

内 容 提 要

洛克菲勒是一位商业奇才，他是美国第一家工业托拉斯的创建者，他的影响力波及世界。本书讲述了洛克菲勒创造财富神话的种种传奇，同时将其一生对儿女的教诲、对年轻人有所启示的话语和忠告收录其中并展开论述。从本书中，你可以学到洛克菲勒事业成功的经验和非凡的人生智慧等。相信本书能给你智慧的启迪，让你受益匪浅。

图书在版编目（CIP）数据

洛克菲勒的人生智慧 / 郑一编著. -- 北京：中国纺织出版社，2017.5（2023.1 重印）
ISBN 978-7-5180-3212-9

Ⅰ.①洛… Ⅱ.①郑… Ⅲ.①洛克菲勒（Rockefeller，John Davison 1839-1937）—人生哲学—通俗读物 Ⅳ.①K837. 125. 38-49

中国版本图书馆CIP数据核字（2017）第002822号

责任编辑：闫 星　　责任印制：储志伟

中国纺织出版社出版发行
地址：北京市朝阳区百子湾东里 A407 号楼　邮政编码：100124
销售电话：010—67004422　传真：010—87155801
http：//www.c-textilep.com
E-mail：faxing@c-textilep.com
中国纺织出版社天猫旗舰店
官方微博http：//weibo.com/2119887771
佳兴达印刷（天津）有限公司印刷　各地新华书店经销
2017年5月第1版　2023年1月第4次印刷
开本：710 × 1000　1/16　印张：16
字数：210千字　定价：48.00 元

凡购本书，如有缺页、倒页、脱页，由本社图书营销中心调换

Preface 前言

可能在很多人的心里，都知道一个人——洛克菲勒。的确，约翰·D.洛克菲勒是世界上第一位亿万富翁，是标准石油公司的创始人，他从曾经周薪只有五美元的簿记员奋斗为世界巨富，成功地造就了美国历史上一个独特的时代，被誉为“窥见上帝秘密的人”。可以说，洛克菲勒是美国历史上不可磨灭的名字，如今，洛克菲勒基金会、大通银行、现代艺术博物馆、洛克菲勒中心、芝加哥大学、洛克菲勒大学……他的名字经常被人们提及，他所带来的影响力也涉及美国乃至世界的政治、经济、文化等各个方面。

曾有人作过这样的统计，在洛克菲勒五十岁，也就是1889年的时候，洛克菲勒的净资产已经达到了1.5亿美元，他每小时可以赚进750美元。

中国人常说：“富不过三代。”然而，洛克菲勒家族却打破了这一预言，如今，洛克菲勒家族的财富已经传承到了第六代，且依然如日中天、独“富”天下。洛克菲勒家族被称为“世界财富标记”，这不得不说是一个奇迹。

可能很多人都会惊叹，洛克菲勒的财富是如何积累起来的？洛克菲勒到底又是怎样一个人？

其实，前人们早已经为我们解开了谜底，洛克菲勒的成功源于他对人生独特的感悟和智慧，而洛克菲勒家族的后人们都接受了他的忠告，继承了这些智慧。当然，这些智慧在他留给后人的名言中也有所体现，我们不妨来总结一下：

第一，目标远大、雄心勃勃。

洛克菲勒坚信“越是认为自己行，你就会变得越高明，积极的心态会创造成功”。1870年，标准石油公司成立，洛克菲勒任总裁，该公司资产100万美元。洛克菲勒放言，“总有一天，所有的炼油和制桶业务都要归标准石油公司。”

随后，洛克菲勒还创造股份制的制度，也就是公司负责人“不领工资只分红”，这个制度创新一直影响到现在的美国企业。

第二，自信、坚韧。

约翰·D. 洛克菲勒是个做事深思熟虑的人，冷静的人，在他创业的过程中，曾多次遇到困难，而最终，他不但顺利解决了危机，还为自己赢来了新的机会。

第三，知人善用。

洛克菲勒从不否认自己的成功离不开一些忠臣良将的帮助，他说："我需要强有力的人士，哪怕他是我的对手。"洛克菲勒的霸业离不开一批忠诚的良臣猛将。曾经与洛克菲勒分庭抗礼的人，最终也被他的实力和人格魅力所打动而愿意助他一臂之力。

第四，生活简朴。

洛克菲勒一直坚信："我相信节约对于有序生活的关键性，我信奉无论对于政府、商业还是个人事务，节约是健全的财政结构的首要因素。"

第五，强烈的使命感。

约翰·D. 洛克菲勒曾说："我是来带上帝理财的。"看到这句话，大家别笑。洛克菲勒的理财能力是不容怀疑的。但是，他同时认为："财富是意外之物，是勤奋工作的副产品。"

第六，仁爱之心。

约翰·D. 洛克菲勒集"商战屠夫"与"慈善家"于一身。他常说："我一直财源滚滚，心如天助，这是因为神知道我会把钱返还给社会的。" 洛克菲勒遍及全美国以及世界上的许多国家。在北京、武汉等地的"协和医院"都有来自于洛克菲勒基金会的捐赠。

曾经有人说，想赚钱一定要学习洛克菲勒，他的赚钱本领确实高超！当然，我们能否赚到钱，能否和他一样为社会尽一份力，只看看语录是不够的，还应该为自己寻找一个思想的指引者。本书是一部教人如何面对人生、事业、家庭的百科全书，其中的忠告句句都是金玉良言，为我们展现了非凡的财商智慧、管理才华以及他的个性魅力。在读完这本书后，相信生活中的我们都有所收获！

编著者

2016年7月

Contents 

第1章

人生篇——付出不亚于任何人的努力，你就是胜利者

人生漫漫，尘世中的人们，都在努力寻找一个目标——幸福，然而什么是幸福？幸福是坐拥亿万家财？幸福是名利双收？事实上，幸福是一个人内心的感受。年轻人，你也要学会感悟幸福的真谛。的确，接下来的人生道路上，如果你不断地追求，你可能会得到很多你想要的东西，但你可能没发现，你也失去了很多。而有些东西一旦失去，就不会再回来。那时，你甚至愿意用一切去换取那些已经逝去的东西，但时光不会倒流，既然如此，何必当初呢？做人要懂得享受生活，偶尔停下脚步，多欣赏路上的风景，多陪陪家人，你会发现，你所苦苦追求的东西会在你不经意的时候与你不期而遇。

★失败了怕什么，大胆地向目标挑战

据社会学专家预测，未来的社会将变成一个复杂的、充满不确定性的高风险社会，如果人类自由行动的能力总在不断增强的话，那么不确定性也会不断增大。生活中的年轻人，你应该意识到，各种变化已经在我们身边悄然出现，勇敢地投身于其中的人也越来越多了；而如果你不积极行动起来，缺乏竞争意识、忧患意识，安于现状、不思进取，如果你还没被惊醒的话，就会被时代所抛弃，被那些敢于冒险的人远远甩在后面。当然，现阶段，你应该把眼光重点放在培养自己的冒险精神上。

洛克菲勒曾说："与其生活在既不胜利也不失败的黯淡阴郁的心情里，成为既不知欢乐也不知悲伤的懦夫，倒不如不惧失败，大胆地向目标挑战！"他这句话是要鼓励年轻人勇于改变安稳的现状，敢于冒险。事实上，我们也发现，洛克菲勒本人就是个野心勃勃的人。

1870年，标准石油公司成立，洛克菲勒任总裁，当时，该公司资产有100万美元。洛克菲勒放言："总有一天，所有的炼油和制桶业务都要归标准石油公司。"公司主要负责人不领工资，只从股票升值和红利部分中提成。"不领工资只分红"这个制度创新一直影响到现在的美国企业。洛克菲勒曾说："一个人往往会进入只有一件事可做的局面，并无供选择的余地，他想逃，可是无路可逃。因此他只有顺着眼前唯一的道路朝前走，而人们称这为勇气。”

的确，人生的旅途中，不敢冒险的人、不敢真正跨出第一步的人最终的结果只能使自己给自己限定的舞台越来越小。没有舞台的演员就像被缴械的军人，被剥夺了笔的画家，成功会离他越来越远。

当然，风险越大，报酬越高。机遇稍纵即逝，优柔寡断，迟疑不决，将会错失良机，所以，你还需要有勇气。只有敢作敢为的人，才敢于承担责任和风险，才敢于直面困难和障碍、挫折和失败，才能抓住机遇并获得成功。

世界著名企业家狄奥力·菲勒并非出身贵族和官宦之家，相反，他生在贫民窟，但在幼时的他就表现出了与众不同的财富眼光。

很小的时候，他做了第一笔生意。那时，他想买玩具，可是又没钱，于是，他把从街上捡来的玩具汽车修好，让同学玩。然后向每人收0.5美元。很快，不到一个星期，他挣到的钱就能买一辆新的车了。从这件事中，他收获颇多。

成年后的菲勒更是有着惊人的生意头脑。一次，日本的一艘货轮遇到了风暴，船上的一吨丝绸被染料浸过，上等的丝绸变成了没人要的废品，面对这种情况，货主打算把这些布匹都扔了。菲勒听到这个消息后，马上找到货主，表示愿意免费把这批废品处理掉，货主非常感激。得到这些布，他就把它们做成了迷彩服装。这笔生意让他赚到了十余万美元。

再后来，菲勒曾用10万美元买了一块地皮。一年后，新修建的环城路在那块地附近经过。一位开发商用2500万美元从他手中买走了那块地。

菲勒的思维是与众不同的，他有一双发现财富的慧眼，能够“在别人司空见惯的东西上发掘商机”，这是菲勒最可贵的创业资本，也是他成功的秘诀。不过这里，我们更佩服的是他的勇气，那就是敢想敢做。一个人，即使有再多的想法并信誓旦旦，如果不付诸实施，那也是徒劳。

因此，年轻人们，从现在起培养自己敢于冒险的精神吧。对此，你可以这样锻炼自己：

1.克服恐惧

做曾经不敢做的事，本身就是克服恐惧的过程。如果你退缩、不敢尝试，那么，下次你还是不敢，你永远都做不成。只要你下定决心、勇于尝试，那么，这就证明你已经进步了。在不远的将来，即使你会遇到很多困难，但你的勇气一定会帮你获得成功。

2.为自己拟定一份“战书”

向自己不敢做的事“下战书”就是拿过去不敢做的事，曾经畏惧的事情“开刀”，克服自己的心理恐惧，扫除心理的“精神垃圾”，以树立起信心。

也许你还有很多过去不敢做的事，那就列个困难清单逐个给它们下“战书”。只要做到每天有突破、有进步，总有一天你会把所有的“不敢做”都变成“不，敢做”，那么胆小怯懦的“旧你”就成为了自信勇敢的“新你”了，成功就会向你招手。

人生启示

其实人的一生就是一场冒险，走得最远的人是那些愿意去做、愿意去冒险的人。我们每一个人都要相信自己能成功，要鼓起勇气，尝试第一步，这才是真正的勇者。

★任何一个目标的实现都蕴含了思维和行动的力量

洛克菲勒曾说："每个目标的达成都来自于勤奋的思考与勤奋的行动，实现财富梦想也依然如此。"的确，上天总是偏爱那些勤奋的人们。多一分耕耘，就多一分收获，你付出得越多，就一定会得到更多的回报。同样，财富也往往只会垂青那些孜孜以求的勤勉者。这个道理启示所有的年轻人：在追求财富的路途中，我们需要克服自己的惰性，努力让自己的大脑和身体都变得勤奋起来。

洛克菲勒一直信奉一句话："勤奋出贵族"。孜孜不倦地奋斗是他一生的写照。他相信，没有永远的穷人，也没有永远的富人，只要抱有勤奋的心，就一定能获得财富。

曾有人问一个懒惰的人："你一天的活儿是怎么干完的？"这个人回答说："那很简单，我就把它当作昨天的活儿。"这就是惰性使然。其实，懒惰的人何止是把昨天的活儿拿到今天来干，有人甚至给那些懒惰的人下定义为：把不愉快或成为负担的事情抛掷脑后，或者推迟去做。

年轻人，如果你是一个懒惰的人，那生活中的你大部分时候都在浪费时间，无所事事。即便是做一件事情，也是担心这个担心那个，或者找借口推迟行动，结果往往错失了机会和灵感，到了最后，你只能去羡慕那些因为勤奋而获得财富的人。

那么，活在当下的你，如果也想成为令人羡慕的财富拥有者，你就得首先放下空想，张开你懒惰的臂膀，给自己制定一个详细的财富目标，并按照自己现有的自身条件去为之奋斗。只要你这么想了，也这么做了，那么你的人生最终是成功的。

当然，真正的成功者并不仅因为做到勤奋，还因为他们开动大脑了。在当今这个充满机遇的市场竞争环境下，所考验的就是思维的灵活性。一个人，只有发挥想象力，才能做出他人做不到的成就，才能享用财富带来的快乐。

阿尔伯特·哈伯德出生于美国伊利诺依州的布鲁明顿，父亲既是农场主又是乡村医生。年轻时的哈伯德曾在巴夫洛公司上班，是一名很成功的肥皂销售商，但是，他却对此感到不满足。1892年，哈伯德放弃了自己的事业进入了哈佛大学，然后，他又辍学开始到英国徒步旅行。不久之后，哈伯德在伦敦遇到了威廉·莫瑞斯，并喜欢上了莫瑞斯的艺术与手工业出版社。

哈伯德回到美国，他试图找到一家出版社来出版自己的那套《短暂的旅行》的自传体丛书，但是，他没有找到任何一家出版社。于是，他决定自己来出版这套书，由此他创建了罗依科罗斯特出版社，哈伯德的书出版之后，成为了既高产又畅销的作家。随着出版社规模的不断扩大，人们纷纷慕名而来拜访哈伯德。最初游客会在周围的四周住宿，但随着人越来越多，周围的住宿设施已经无法容纳更多的人了，哈伯德为此特地盖了一座旅馆。在装修旅馆时，哈伯德让工人做了一种简单的直线型家具，而这种家具立刻受到了游客们的喜欢，哈伯德又开始了家具创造业。哈伯德公司的业务蒸蒸日上，同时，出版社出版了《菲士利人》和《兄弟》两份月刊，而随后《致加西亚的信》的出版使哈伯德的影响力达到了顶峰。

有人说，阿尔伯特·哈伯德有着无比传奇的一生，他之所以能在许多方面都能获得成功，不仅因为他勤奋付出，还因为他有着与众不同的思维：他敢于尝试，善于发现他人不曾发现的商机。

在《致加西亚的信》中，阿尔伯特·哈伯德讲述了罗文送信的情节：

“美国总统将一封写给加西亚的信交给了罗文，罗文接过信以后，并没有问‘他在哪里’，而是立即出发。”拖沓、懒散的生活态度，对许多人来说已经是一种常态。要想成为罗文这样的人，我们就应该克服惰性，努力让自己变得勤勉起来。

通常来说，一个人成就的大小取决于他做事情的习惯，克服惰性是做事情的一个重要方面。我们要想完成既定目标，取得成功，就应该培养勤勉的习惯。一旦养成了这个习惯，“完成目标，马上行动”就会成为一件自然而然的事情。

人生启示

懒惰体现在两个方面，懒惰的思维和懒惰的行为。可以说，懒惰不仅是一个人成功的大敌，而且是我们不良情绪的源头。在充满困难与挫折的人生道路上，懒惰的人过着极为单调的生活，在他们的生活里，只习惯于等、靠、要，从来不想发现、拼搏、创造，最终，他们不仅错过了多姿多彩的生活，而且将一事无成。

★吃不铺桌布的餐桌上自己的一碗麦片粥

我们都知道，中华民族有勤俭节约的传统美德，“一粥一饭，当知来之不易”，可是在金钱和物质生活日益发达的今天，这种美德却被一些年轻人淡忘了。一些年轻人甚至把“有钱”作为自己炫耀的资本，认为有钱、消费就是获得快乐的方式，这是一种错误的经济意识，会扭曲年轻人的价值观，必须加以调整。石油大王洛克菲勒说：“我宁愿过简单的生活，吃不铺桌布的餐桌上自己的一碗麦片粥。”洛克菲勒一直坚信：“我相信节约对于有序生活的关键性，我信奉无论对于政府、商业还是个人事务，节约是健全的财政结构的首要因素。”

洛克菲勒一直知道自己在做什么样的事情。这位出生于纽约州哈得逊河畔小镇上一个穷苦家庭的基督徒，坚信自己装在口袋里的每一分钱都是干净的。他坚信：“上帝赏罚分明，我的钱是上帝赐予的。而我所以能一直财源滚滚如有天助，这是因为上帝知道我会把钱返还给社会造福我的同胞。”

金钱本身从来不是他奋斗的目的，权力本身也不是。这个被外界妖魔化的老头子，奇瘦无比，终生过着清教徒般节俭的生活，甚至自己的婚戒也仅仅花了15美元；当范德比尔特、卡内基等亿万富翁在纽约和长岛大兴土木兴建别墅的时候，他宁愿接受本杰明·富兰克林的主张：过简单生活，在“不铺桌布的餐桌上吃自己的一碗麦片粥”；他不买游艇，不加入乡村俱乐部，不搜求任何古董，也不参加社交活动，政治对他也没有诱惑力。他更多时间是待在办公室里，把精力放在标准石油公司上。浪费时间和金钱，对他而言是一种罪孽。

正如洛克菲勒所言，浪费是一种罪。也曾有位哲人说：“人类活着的意义和人生价值就是提高身心修养，磨炼灵魂。”一个贪图享乐的人，又怎么能感受到简约的快乐？对于年轻人而言，过于注重物质生活，也会使你丧失斗志。俗话说“命好使人废”，温室中的环境是培养不出人才的。

在人生路上，我们每个人都在为自己的目标奋斗着，但这并不是一个一帆风顺的过程。那些成功者，也必定是经历了百转千回的磨砺和痛苦，甚至是一次次痛苦的蜕变。因此，我们说，成功是容不得我们有享乐之心的。

因此，从现在起，每个年轻人，对于金钱，你必须有正确的认识，更要有正确的消费观——于己，勤俭节约；于人，慷慨大方。我们来看看下面的故事：

小田今年26岁了，从6岁到现在，他一直在父母的庇护下长大，他不会做饭，因此，即使上班了，他还是每天吃着妈妈为他准备好的便当。他觉得餐馆的食物无论是从味道还是从干净程度上，都完全比不上妈妈做的，而且，这样比在外面吃饭节省开销。

其实小田一直是个生性节俭的孩子，但当他从报上得知他出生的医院陷入经济困境时，立即二话不说地将存折里的积蓄捐给了该家医院。

后来，已经退休的父母收到了医院寄来的收据和表扬信，他们才明白，自己的儿子绝对不是个小气鬼、守财奴，因为他懂得把钱花在刀刃上，他了解金钱的价值，也懂得如何发挥它的作用。

可现实生活中，我们却发现很多青少年男孩，极尽奢侈；他们完全有能力节俭，却又很吝啬。虽然能施舍贫穷和救助急难，却把大把大把的钱花在朋友之间的吃喝上，这就是一种极为错误的消费观，应当给予纠正。

的确，吝啬不等于节俭。现实生活中，一般人往往把节俭和吝啬看作一对孪生儿，这真是一个很大的误解。其实节俭的意义是：当用则用，当省则省。换句话说，总是省用得当。吝啬的意义却是：当用的不用，不当省的也要省。凡吝啬的人都是金钱的奴隶，而不是主人。对这类人来说，唯有金钱、财物才是最为重要的。为钱而钱，为财而财，敛钱、敛财是这类人的最大嗜好，也是他们人生的最大目的。他们的生活公式是：挣钱、存钱、再挣钱、再存钱……他们最大的乐趣是“数钱”、“敛财”；他们的哲学是：多了还要多，永远不会有满足的时候。事实上，人们总是有意无意把自己的吝啬行为当成是节俭的表现。而也只有认识到二者的区别，才能及时纠正自己的吝啬行为。

人生启示

人活于世，必须有一定物质基础的保障，人们对财物的需要，本来只是为了生存和发展。可是，有些人对财物有一种特别的嗜好，对于他们来说，不是他的，他竭力追求；一旦到了手，就绝不放手，该给别人的，也不愿给。这就是吝啬。说到底，吝啬的人因为把财富看得太重，所以觉得财富比其他一切都重要。任何一个年轻人，都要学会以正确的心态和方式来对待金钱。

★我学习工作也学习享乐，我的生命就是愉快的假日

曾经有人说，人的生命只有两种状态：运动和停止。现代社会，处于重压下的年轻人每天都在拼命地工作，虽然双休日时能够在家小睡个懒觉，但恐怕心也不会那么淡然。用持之以恒的精神拼搏、奋斗是我们必须具备的一种品质，但这并不意味着我们要一刻不停地奔波与忙碌。适可而止，会休息才会成长。只会向前猛冲，而不懂得减速缓行的人，在人生的某个弯道处，一定会冲出跑道，损失更多。

洛克菲勒说：“我学习工作也学习享乐，我的生命就是愉快的假日，充满工作、充满享乐，上帝日日都在保佑我。”这句话也是在告诫我们要懂得休息、懂得享受生活。洛克菲勒虽然掌管着标准石油公司的决策大权，每日都要勤奋工作，但他从来不忽视身体的休息，更重视和家人一起享受美好的时光。

退休后，洛克菲勒过着隐居生活，在波坎铁柯庄园植树，休整草坪，仔细考虑如何将自己的基金用在最值得使用的地方。他享受着简单的天伦之乐，在海滩与家人度假，在礼拜堂里和街上与人聊天。他从来不喜欢回头看、重温或抱怨往事。但到过他家里的每一个人，在离开时，都对其沉

着、忍耐和简朴怀有一种由衷的敬畏感。

1937年的一个星期日早晨，洛克菲勒毫无痛苦、平静地去世了，享年97岁。这是上帝给这个基督徒最好的奖赏。

洛克菲勒的生活态度是值得人们学习的，同样，身处职场重压下的年轻人们，在工作之余，一定要懂得休息，只有劳逸结合，才有更高的工作效率。

有个成功的企业家，他的成功可谓是一路艰辛。他从十几岁就开始给别人帮工，每天都是起早贪黑的，整天都是忙忙碌碌，好像他就没有休息过，也没有参加过任何的娱乐活动。那段日子，他的梦想是，将来自己能有一间铺子就好了。

几年后，他终于开了一间铺子，生意还不错。此时，他告诫自己，自己的生意，更不能放松，于是仍然起早贪黑，匆匆忙忙，休息时间更少了。他想，等将来生意做大了就好了。

又过了几年，他的生意果然做大，拥有了数间很大的门市，每天货进货出几百万元的资金流动，他更不敢放手给别人去做，还是自己苦拼，联系货源，接待客户，管理账目……没日没夜，忙得如同有狼在后面追一般。看他真的好辛苦，有人就劝他："你放一放可以吗？好好地休息一天，看看世界会不会大变！"

他回答："不行，我不做时，别人会做的，前面的那些大户们我会追不上的，后面一些中小户又逼上来，放一放，我会落在后面的。"

终于有一天，他累倒了，被迫躺在病床上不能动了，以前高速运转的日子一下停下来，他终于可以静静地想一下匆匆而过的人生了。有一次，他看到一个病人被抬进手术室再也没回来，那个病人很年轻，刚刚还与自己谈过出院后要去旅行。他看着对面空空的病床，心里不由得一震，顿时大彻大悟了：人由生到死其实只是一步的事，这一步，自己却走得太过沉重啊！一直以来，自己的名利心太重，想要的太多，然而真正得到的却很少。如果不是这次病倒，他会一直拼到50岁、60岁，甚至更久，没有娱乐，没有休息，最后两手空空地离开这个世界，这是一件多么可悲的事啊！康复后，他像换了一个人似的，生意还在做，只是不那么拼命了，他不再去追赶前面的大户，也不怕后面的中小户追上来，甚至错过一笔很有赚头的生意也不会太在意，人们还经常可以在高尔夫球场上看到他，有时他也慷慨地与他的家人坐飞机到外地旅游。

他终于懂得了生活的意义。

生命如此脆弱，人生苦短。我们当然需要努力地工作，但我们不能忘记，除了工作之外，还有很多值得我们追求的东西，如健康、幸福等，因此，和故事中的企业家一样，我们也应及早幡然悔悟，才能收获一份最本真的快乐。

有过登山经历的人也许会有一样的体会，那就是：山很高，需要分好多步才能登顶，最关键其实就是在中途，不停下休息，那么必然在最接近终点的时候落下。工作中，我们适时调整自己也是必需的，一个真正会学习的人不会打疲劳战，而是懂得充足的休息才有更充沛的精神。

人生启示

会休息的人才会工作。我们只要合理安排时间，懂得调节自己，做到劳逸结合，大可以不慌不乱，甚至有一些充裕的时间享受生活。

★想要金银满钵，就先要懂得回馈社会

我们都知道，洛克菲勒集“商战屠夫”与“慈善家”于一身。他的财富遍及全美国以及世界上的许多国家。中国北京、武汉等地的“协和医院”都有来自于洛克菲勒基金会的捐赠。他常说：“我一直财源滚滚，心如天助，这是因为神知道我会把钱返还给社会的。”这样一句话，也警醒

着社会生活中的每一个年轻人，一定要懂得感恩社会，回馈社会。

我们不得不承认的一点是，洛克菲勒在美国乃至全世界的人眼里，是个大人物，他的一生是传奇的，但他将自己的财富贡献给了那些需要的人。关于大人物的定义，洛克菲勒有自己的想法："一个人之所以伟大，并不是因为他拥有某种官衔。他之所以伟大，是因为他以些微的工具创下大业，以默默无闻的平民身份完成了人生目标。这才是真正的伟大。"

在一次演讲中，洛克菲勒说："人人都能成为大人物。"只要一个人能为大众作贡献，能为大众提供宽敞的街道、舒适的住宅、优雅的学校、庄严的教堂、真诚的训诫、真心的幸福，只要他能得到当地居民的感谢，无论他到哪里，都是伟大的。但如果他不被当地居民所感谢，那么不管他到地球的哪个角落，都不会是伟大的人物。

"希望在座的各位都知道，我们是在有意义的行动中活着，而不是在岁月中；我们是在感觉中活着，而不是在电话按键上的数字中；我们是在思想中活着，而不是在空气中；我们应该在正确的目标下，以心脏的跳动来计算时间。

"如果你忘记我今晚所说的话，请不要忘记我下面的话：思考最多、感觉最高贵、行为也最正当的人，生活也过得最充实！"

多么震撼人心的演讲！他确实是个伟大的人！其实，我们的生活中，"伟大的人"到处都是，他们在功成名就以后，并不是独享财富，而是扶弱济贫，将自己的财富奉献给社会，让那些物质贫乏者能接受自己的帮助，因为他们明白，真正的快乐并不是敛财，而是帮助他人。而最终，他们都实现了自己的人生价值。香港首富李嘉诚就是这样做的。

李嘉诚于1980年创立了自己的基金会，为医疗、教育、文化和社区福利项目提供资助，主要针对香港和内地。迄今为止，该基金会已为各项事业捐出及承诺款项约77亿港元，其中，内地约占64%，香港占29%，其他地区占7%。

另外，李嘉诚基金的管理特色在于从不动用现有资产，基金用多少，李嘉诚补上多少。李嘉诚曾说过，无论是他的家族成员还是公司董事，都不准从基金会拿出一分钱来，因为基金会是百分百作贡献的。

李嘉诚基金会集中两方面的发展：教育和医疗。至今，李嘉诚基金会及由李嘉诚成立的其他公益基金会已捐助过很多项目。

另外，在运营基金会的模式上，李嘉诚也提出了一些独特的理念。对于基金会的现有资产，他从不动用，如果第一年他捐出10亿元，那么，第二年他就会再放10亿元来补足基金会的本金。

李嘉诚说，能够在这个世上对其他需要你帮助的人有贡献，这个是内心的财富。这个是我自己创造出来的，这个是真财富。因为金钱的财富，你今天可能涨了，身价高很多；明天掉下去了，你的财富可能一夜之间变为一半。只有你做出使世人受益的，这个是真财富，任何人都拿不回来。

正如李嘉诚说的："金钱并不是人生中最重要的因素。"在他看来，所谓的富贵，并不一定要"富"，而要"贵"；而真正的"贵"，是看你的社会价值，看看你为什么、做出了什么，这才是真财富，任何人都拿不走。因此，他眼中真正的"富贵"，是必须懂得用金钱去回馈社会，如不能做到这样，即使拥有了金钱，也只不过是"富而不贵"。

年轻人，可能你会认为自己能力有限，无法行善，但其实真正地回报社会并不只是钱财上的捐赠，经济能力、物质财富一般的人还有很多其他方法，例如，经常参加一些慈善活动或者助人的社会实践活动，热心帮助身边的人。只要你不吝啬助人，那么，你就是个有助于社会的人。

人生启示

努力充实内心、回馈于社会，这就是一种感恩的意识。尽管你能力有限，但只要把回报的心带到生活中，你就是个伟大的人。

★爱家人，爱朋友，人生才充实

可能有很多人会发出这样的疑问：石油大王洛克菲勒除了工作外，是怎样安排自己生活的呢？大部分人可能会认为，他应该是一个只会工作的人。事实上，洛克菲勒曾说："要永葆身心的和谐，善待自己的一生，爱家人和朋友，知道其可贵之处，这恐怕是无可比拟的良药吧。"努力工作、注重身体健康、善待家人和朋友，就是洛克菲勒的生活态度。

的确，人活在这个世界上，无非是为了使自己更加快乐幸福而已。而要学会快乐地生活，最重要的是要摆正自己的心态。拥有一份恬淡的心境，对于万事万物，不骄不躁，那么，你就懂得了幸福的真谛。然而，现代社会中的人，尤其是那些努力工作的年轻人们，就如忙碌的蚂蚁一般，他们总是脚步匆匆，心事重重，年复一年，日复一日，像牛一样地辛勤耕作。到头来却面色欠佳，疲惫不堪，成了"亚健康"患者。《红楼梦》中说得好："说什么脂正浓，粉正香，如何两鬓又成霜？昨日黄土垄头送白骨，今宵红绡帐底卧鸳鸯。"世事无常，人生匆匆，唯有一颗单纯的心才会让人幸福快乐。

事实上，洛克菲勒在40岁之前也未曾认识到健康的重要：

一天下午，洛克菲勒的医生告诉他，在每年的例行身体检查报告中，他被查出来有狭心症，即心脏的冠动脉闭塞症候。当时，洛克菲勒也没在意，然而就在4天后的一个傍晚，正当他在看报纸时，突然觉得身体很难受，全身冒冷汗，幸亏他的妻子及时叫来了医生。

两个小时的抢救后，洛克菲勒脱离了危险。在医院住了两个多月后，他回家了。

"我知道自己还活着真是好极了。仍然拥有和家人一起度过的时间，以及有享受这个世界上好多东西的时间让我欣喜不已。而我曾经面对死亡而没有恐惧，也是值得高兴的。”洛克菲勒后来对自己的儿子这样说。

“那次经历给我的教训最深刻的，就是要永葆身心的和谐，善待自己的一生，爱家人和朋友，知道其可贵之处，这恐怕是无可比拟的良药吧。我们往往在濒死之时，才明白可爱的东西是如何可爱，而事前就已明白这一点的人是幸运的。天堂是如此的美好，”洛克菲勒打趣道，“可是毕竟我去那里还为时尚早。”

是啊，人的生命只有一次，尽管我们有太多的事情要处理，但不珍惜自己的生命，一切都是空谈。

拿自己的生命作交易很明显是愚蠢的。但我们生活的周围，却不乏这样的人，他们为了追求所谓的幸福，牺牲了更为有价值的东西，如健康、亲情等。

人是一种有着美好憧憬的动物，年轻的时候，我们总是想着等到老了以后，得到了许多物质的满足，再去好好享受，再去环球旅行；当我们有了孩子的时候，总是惦记着让子女好好享受。至于自己到底需不需要享受，自己什么时候享受，却从不去认真考虑。所以，事实上，很多人不会享受。

当然，提倡享受生活，并不是要我们忽视工作，最恰当的方式是做到工作、生活统筹兼顾。具体来说，你可以从以下几方面调整自己：

1.统筹兼顾、合理安排

你应该合理分配工作、休息的时间，做到劳逸结合，把握好生活节奏。

2.多做体育运动

不知你有没有这样的体验：当情绪低落时，参加一项自己喜欢又擅长的体育运动，可以很快地将不良情绪抛之脑后。这是因为体育运动可以缓解心理焦虑和紧张程度，分散对不愉快事件的注意力，将人从不良情绪中解放出来。另外，疲劳和疾病往往是导致人们情绪不良的重要原因，适量的体育运动可以消除疲劳，减少或避免各种疾病。

3.留出一些机动时间以处理突发状况

很多人认为，忙碌的一天才是充实的一天，以至于他们经常把一天的日程安排得满满的，但一遇到突发事件，就手忙脚乱了。其实，你应该学会合理规划时间，留出一些时间处理突发情况；而即使没有出现这些突发事件，你也能给自己一个放松和休息的机会，或与父母、朋友联络一下感情，或考虑一下一天工作中的得失等。

总之，对于日常工作和学习，我们只要合理安排时间，懂得调节自己，做到劳逸结合，大可以不慌不乱，甚至能有一些充裕的时间享受生活。

人生启示

一个人的人生坐标定在什么位置，就有什么样的幸福。最大的幸福莫过于好好活着，珍惜今天，珍惜当下。

★爱情的种子总会在孕育，时机一到你就会看到它开花

自古以来，“爱情”都是人们谈论的话题，由此成就了无数个凄婉哀怨、让人断魂的爱情经典。那些美丽的爱情经典故事常常为我们津津乐道，但奇怪的是，我们很难发现有经典的婚姻故事。爱情总是那么轰轰烈烈，最终却被由细节组成的琐碎的婚姻打败了，再伟大的爱情弹指间也会灰飞烟灭。于是乎就有了一种流行的说法——婚姻是爱情的坟墓。因为婚姻，曾经的亲昵、曾经的山盟海誓已经渐行渐远。其实原因很简单，没有处理好婚姻和爱情的关系。其实，真正的爱情是融入平淡的婚姻中的，让爱情常驻的方法就是：改变心态，享受平淡的真情。

洛克菲勒说："爱情就像一粒种子，到时它就会成长、开花。我们不知道开的是什么花，但是，肯定它会开花。"这是一位商界大亨对爱情独特的见解，实际上，这句话的含义也很简单，对于爱情和婚姻，我们不要总是抱着轰轰烈烈和追求激情的态度，因为平平淡淡才是真。

洛克菲勒的大女儿叫伊丽莎白，她的丈夫叫马克，曾经，他们是非常相爱的情侣，然而结婚后的一段时间，他们的感情似乎出了一点问题。

一个周末的早上，洛克菲勒想起来去看看自己的女儿，可是进门后，他发现只有马克在家。马克告诉洛克菲勒，最近几个周末伊丽莎白都是待在公司的，不愿意回家。从马克的话中，洛克菲勒能听出他的一些不满，洛克菲勒觉得是时间找女儿谈谈了。

接下来，他来到公司，想约女儿一起吃饭，并想趁机同她好好谈谈。可他惊讶地发现伊丽莎白对侍者表现出鲁莽、粗暴的态度，与平时彬彬有礼、温柔体贴的她判若两人。洛克菲勒觉得女儿最近的情绪很不好，这表明她满脑子都是工作，以至于对日常生活中必须尽到的责任都不在乎了。

交谈中，伊丽莎白告诉自己的父亲："爸爸，我现在总是很烦躁，尤其是回到家。马克越是对我好，我越是讨厌他，怎么办呢？"伊丽莎白垂着头，向父亲倾诉着。

洛克菲勒握住女儿的手说："亲爱的女儿，我想说的是，你应该检查一下自己最近的心态了。不错，平时我告诫你们要努力工作，但这并不意味着你们要忽视身边的亲人，你确实过分地恃宠于亲人的好意，尤其是马克的支持、协作及爱情了。成功、知识、经验都不能在这种错误中保护你，谁也保证不了你不受其害。马克的好我一直看在眼里，你看这段时间，他一直在迁就你，按照你的情况来安排工作，他还承担了80%的家务。一对好伴侣在有紧急和特殊情况时，一人不惜负担起两人的责任，这个时候一般彼此都会无条件地乐意代劳，这就是同甘共苦，所谓婚姻生活就是这么一回事。可是，不管是多么爱妻子或丈夫，永远承担不公平的责任的配偶恐怕是没有的。如果你认为你的丈夫是主动地承担起责任的话，那是因为你的目光还不够明亮。”

伊丽莎白摇摇头说：“无论如何也找不到当初的激情了。你知道，当初我和马克是多么地相爱呀！”

洛克菲勒明白女儿的想法，接下来他说：“这个，我怎么说呢？我与你母亲的婚姻算是美满幸福的，可大多数时候我们的生活还是很平淡的。事实上，平时我也能看到那些老夫老妻在一起，他们已经经历了似水流年，可还是那么相爱，为什么呢？因为他们做到了包容，经过了一种爱的转化，经历了激情最终到彼此习惯，两个不同的人、两种不同的风度、两种不同的意识走到了一起，并一起分享生活。他们看起来各自不同，其实早已融为一体。”

“或许真是这样，”伊丽莎白将目光投向窗外，“我应该与马克出去度一次假了，我们好久都没有享受两人独处的时光了。”

的确，洛克菲勒说得对，婚姻是一种转化。爱情就像一粒种子，到时它就会成长、开花。我们不知道开的是什么花，但是肯定它会开花。如果你的选择是精心而明智的，爱情的花朵将会是甜美的；如果你选择的时候不用心或判断错误，爱情之花就不会完美。

现代研究表明，爱情极易在男女婚后18~30个月后消失，俗称“爱情昙花症”，它会严重影响夫妻之间的感情和和睦的家庭生活。婚姻中，当起初那份心灵的悸动被烦琐的生活逐渐磨灭时，你意识到了吗？你不是也很失落吗？那么，到底怎么为爱情保鲜呢？

结婚后，夫妻天天生活在一起，每天重复着同样的事情，没有一点儿激情，久而久之，彼此会产生乏味的感觉。其实，这种厌倦的形成很多时候是因为我们没有以正确的心态去看待婚姻，婚姻需要包容和呵护，当彼此包容、融为一体的时候，你们的婚姻也就“修成正果”了。

人生启示

婚姻是什么？贫穷可以忍受，富裕可以共享，平淡无奇却很难忍受。结婚几年过后，你们之间是不是已经毫无激情，剩下的只是无休止的争吵？你可曾反省过，你曾用心呵护过你的婚姻吗？

★想成为胜利者，你必须要做的就是努力向前

洛克菲勒曾说："不论是要赢得财富，还是要赢得人生，优秀的人在竞技中想的不是输了我会怎么样，而是要成为胜利者我应该做什么。"的确，人生就是不断抵押的过程，为前途我们抵押青春，为幸福我们抵押生命。因为如果你不敢逼近底线，不置之死地，你就不会重生，你也就输了。

因此，每一个血气方刚的年轻人，如果你希望自己成为一名成功者，那么，从现在开始，你就得放下那些对失败的恐惧，为自己的人生赌上一把，无论最终你是成功了，还是失败了，你的人生都不会留下遗憾。

其实，但凡历史上每一个伟人或者功成名就者，他们的内心无不埋藏着冒险的种子，他们在行动之前，看到的是成功后的喜悦，而是不失败后的无助。正是这种冒险精神，让他们朝着目标不断奋进，最终用行动将理想变为了现实。比尔·盖茨说："所谓机会，就是去尝试新的、没做过的事。可惜在微软神话下，许多人要做的，仅仅是去重复微软的一切。这些不敢创新、不敢冒险的人，要不了多久就会丧失竞争力，又哪来成功的机会呢？"

我们先来看看下面一个故事：

有一名保险推销员叫孟列，他非常喜欢打猎和钓鱼。有一天，当他依依不舍地离开心爱的鲈鱼湖，准备打道回府时，他突发异想：在这荒山野

地里会不会也有居民需要保险？他可不可以沿铁路向这些铁路工作人员、猎人和淘金者拉保呢？

孟列在想到这个主意的当天就开始了积极计划。他向一个旅行社打听清楚以后，就整理行装。他不肯停下来让恐惧乘虚而入，因为在他看来，自己吓自己会使自己的主意变得荒唐，以为它可能失败。他也不左思右想找借口，只是上船直接前往了阿拉斯加的“西湖”。

孟列沿着铁路走了好几趟，那里的人都叫他“走路的孟列”，他成为那些与世隔绝的家庭最欢迎的人，不只因有人愿意跟他打交道，还因为他是第一个来向他们推销保险的人。

在孟列把突发的一念付诸实行以后，他一年之内就做成了百万元的生意，因而赢得了“百万圆桌”上的一席地位。

我们可以看出，孟列是个彻彻底底的冒险者，在他人看来完全不可能成功的事，他却做到了，这是因为他告诉自己：不要自己吓自己，不要让恐惧乘虚而入。

事实上，很多人害怕失败，是因为他们在潜意识里已经设定了自己即将失败的事实，失败了，他们将会面临债务、心理上的压力。但如果我们将既定结果设定会成功呢？你会享受鲜花、享受掌声，享受他人所无法拥有的财富。

其实，很多成功的门都是虚掩着的，只有勇敢地去叩开它，大胆地走进去，才能探寻出个究竟来。或许，那时呈现在你眼前的就是一片崭新的天地了。

可见，年轻人们，如果你害怕失败，那么你就永远做不到自我超越，更不可能在激烈的社会竞争中夺魁。因此，你还需要做到：

1.培养灵活、敢于冒险的个性

善于适应环境表现出了人的灵活性，它能调节人与环境的关系，优化自己的心境和情绪，促进自己内在的动力。人们常说，性格决定命运，培养了自己这一方面的性格，也就获得了成功的入场券。

2.眼光长远，不苛求自己和他人

不苛求，就是要做到情感和生活上的超脱，不为小利小益局限自己的思维。一个人如果能眼光长远，必定能做到思维独到。

总之，年轻人，你只有做一个能灵活处世、善于变通的人，勇于抵押青春，抵押自己，勇于冒险，敢于突破常规，才可以在未来社会赢得他人所无法赢得的胜利。

人生启示

在机遇面前，不要因为恐惧而裹足不前，不要当生命走到尽头时，才恍然大悟原来你可能有机会实现梦想，只是当时你退缩了。有了机遇就不要害怕，不妨勇敢地去实践生命的感觉！不要在意别人的嘲笑。如果没有勇气去大胆地尝试，你永远都不会知道自己的潜力有多大！

第2章

智慧篇——人人都在思考，却并非人人都运用智慧创造了非凡人生

法国作家司汤达曾说过一句话：“一个具有天才禀赋的人，绝不遵循常人的思维途径。”这句话的含义是，一个有才能的人，通常都有自己的思维方式，绝不会因循守旧，这也是他们能在众人中脱颖而出和成功的原因。可以说，石油大王洛克菲勒的成功验证了这句话，他之所以能够迈出众人的行列，成为世界上第一个亿万富翁，一半在于他的努力，另一半来源于他的智慧，在于他恰逢时机地打破了常规。生活中的年轻人，你也只有做一个能灵活处世、善于变通的人，勇于向一切规则挑战，敢于突破常规，才能有更大的成就。

★思想的高度决定了人生的高度

我们都知道，人应该是独立的，独立行走使人类脱离了动物界而成为万物之灵。我们任何一个人，都应该学会靠自己的双手成长、成才、成功。然而，我们生活的周围，总是有一些人，他们自作聪明、投机取巧，靠他人的同情就能获得物质和财富。而事实上，这是一种毫无尊严的行为，也并不是真正的智慧，正如石油大王洛克菲勒所说的："智慧之书的第一章，也是最后一章，就是天下没有免费的午餐。"他还曾说："你想使一个人残废，只要给他一对拐杖。""你否定了他的尊严，你就抢走了他的命运。"一个人，只要依靠自己的双手努力工作，他就是值得他人尊敬的，也最终能拥有财富。

另外，我们还发现一个现象，随着物质生活水平的提高，生活中总是有一些人，他们自以为父母理所应该把帮助孩子积累财富当成"终生事业"，千方百计地为孩子积累钱财；而这也让生活中的年轻人养成了依赖的习惯，甚至一些人成了"啃老族"。而事实上，即使是金山银山，也有吃空的一天；而且，坐享其成会让他们养成惰性，从而缺乏毅力和恒心，缺乏奋斗精神，将来也无法立足于社会。

洛克菲勒曾经遭受过一次记者的指责，原因是他们认为洛克菲勒捐款不够。对此，洛克菲勒的态度是："我已经习惯了他们的无知与苛刻。我回应他们的方式只有一个：保持沉默、不加辩解，无论他们如何口诛笔伐。因为我清楚自己的想法，我坚信自己站在正确的一方。"

在写给儿子的信中，他讲了这样一个故事：

曾经有一个养殖村，这个村子里的村民基本上都以养猪为生。

一次，村里的猪圈被邻村的人破坏了，几头猪跑了出去。这些猪经过"放养"以后，变得很凶悍，人们很难再捕捉到他们。

一天，村里的一个老者说自己要把这些猪都捕捉回来，人们都嘲笑他，因为即使村里那些猎手，也很难做到。然而，老人却做到了。

老人是这样做到的：他首先找到这些猪经常出没的地方，然后在空地上放少许谷粒当诱饵。刚开始，这些猪还有点聪明，都不靠近这些谷粒，但几天之后，它们发现这些空地是安全的，便把那些谷粒都偷吃了。随后，老人又在空地多放了些诱饵，并在几尺远的地方竖起一块木板。这些猪一看到木板，就"撤退"了。但面对那些诱人的谷粒，它们还是经受不住诱惑，于是，它们又回来了。此后，老人每天都会在谷粒旁边多加几块木板，看到这些木板，这些猪还是会远离一阵子，但最后都会再来'白吃午餐'。后来，围栏做好了，陷阱的门也准备好了。最终，这些猪因为不劳而获而被老人重新捕捉到了围栏里。

洛克菲勒讲这个故事，目的是要告诉小约翰这样一个道理：一只动物要靠人类供给食物时，它的机智就会被取走，接着它就有麻烦了。同样人类也是如此，如果你经常给一个人免费的午餐，那么，他就会养成不劳而获的习惯。会让一个人失去勤奋工作的动力，使他变得不思进取；而更为重要的是，这是一种施舍，是一种对他人尊严的否定，你抢走了他的命运，这是极不道德的。“作为富人，我有责任成为造福于人类的使者，却不能成为制造懒汉的作俑者。”

从洛克菲勒的观点中，我们需要明白的一个道理是，年轻人自身永远都不要指望他人的扶助。成长、成功是一条艰辛的路，但这条路必须由我们自己去走，因为天下没有免费的午餐。独立自主，靠自己的双手，掌握生存和获取财富的本领，最终，你将会赢来尊敬。

人生启示

智慧之书的第一章，也是最后一章，是“天下没有免费的午餐”。如果人们想要出人头地，就要以辛勤耕耘为代价，只有这样才会有所成就，我们的世界也会因为人人奋斗而变得更美好。而那些渴望免费午餐、耍小聪明的人，迟早会连本带利付出惨痛的代价。一个人活着，必须在自身与外界之中创造出足以使生命和死亡拥有尊严的东西。

★天下没有免费的午餐

洛克菲勒说：“我们思想的高度决定我们成就的大小。”这句话是要告诉我们，我们每个人若想成功，就不要看轻自己。在芝加哥大学的演讲中，他说：“成功不是以一个人的身高、体重、学历或家庭背景来衡量的，而是以他思想的‘大小’来决定。这其中最重要的一条就是我们要看重自己，克服人类最大的弱点——自贬，千万不要廉价出卖自己。你们比你们想象中的还要伟大。所以，要将你们的思想扩大到你们真实的程度，绝不要看轻自己。”

同样，生活中的年轻人们，即使你深知“人无完人”的道理，你也不必因为别人比自己优秀而妄自菲薄，做自己，才能获得精彩。心理学家认为：一个人如果自惭形秽，那他就不会成为一个美人；如果他不相信自己的能力，那他就永远不会是事业上的成功者。从这个意义上说，如果你是个自卑的人，那么，树立自信心是战胜自卑感的最好的方法。

在芝加哥大学的演讲会上，洛克菲勒说，那些相信自己能承担重大责任的人，往往会变成重要的人物，因为他们看得起自己，他们认为自己重要。只有相信自己，才能让别人相信你。

“一个人，要想获得别人的尊重，就首先要学会尊重自己。请你们想一想：你们会不会敬重那些在破旧街道中游荡的人呢？当然不会。为什么？因为那些无赖汉根本不看重自己，他们只会让自卑感腐蚀他们的心灵而自甘堕落。”

正如洛克菲勒所说，我们每个人都无法逃脱这样一个推理原则：你怎么思想将会决定你怎么行动，你怎么行动将决定别人对你的看法。

年轻人，你要记住的是，只有大方为事，只有自信，才能让别人相信你。生活中，我们可能更在意别人对我们的评价，我们无时无刻不在展现我们的心态，无时无刻不在表现希望或担忧。但如果别人不相信我们，如果别人因为我们的思想经常表现出消极软弱而认为我们无能和胆小，那么，我们将永远不可能担当大任。

哲人说得好，你听到的并不一定完全正确，也不要因为他人的议论而妄自菲薄，否则就会陷入自卑的“心灵监狱”。

心理学家认为，内控的人认为自己可以掌握一切，外控的人认为自己事事受制于人。如果你内心自卑、妄自菲薄，并且也不愿意去克服，那么谁也无能为力。

生活中，人们常说：“你自己永远是信任你的最后一个人——即使全世界没有一个人信任你了，还有你自己信任你自己。”列宁也说过：“自信是走向成功的第一步。”而同样，在人际交往中，我们也更愿意相信那些自信十足的人，因为他们散发出来的精神面貌是积极向上的。这一点，也证明了“人不自信谁信你”这一道理。在如今竞争日益激烈的时代，如何才能成功，如何让别人看到自己的光芒？最起码的，请从相信自己开始做起……

以下是克服不自信这一错误意识的几种方法，你不妨尝试一下：

首先，客观地认识自己，意思就是不仅要看到自己的优点，也要看到自己的缺点，并客观地给予评价。要做到这一点，除了自己对自己的评价，还要注意从周围人身上获取关于自己的信息。这些人可以是我们的父母，也可以是我们的朋友，也可以是我们的同事。只有这样，我们才能够逐步形成对自我的全面客观的认识。

其次，全面地接纳自己。接纳自己的优点，而容不下自己的缺点，是很多人容易犯的错误。一个人首先应该自我接纳，才能为他人所接纳。

因此，真正的自我接纳，就是要接受所有好的与坏的、成功的与失败的，不妄自菲薄，也不妄自尊大，不卑不亢，这样才能健康地发展自己，逐步走向成功。

你还需要积极地改进自己的不足。这些不足，指的是某些“内在”上的，例如，学识、技能、素质等。

另外，对于别人对你的批评，你需要理性地看待。因为别人批评你是免不了的，尤其我们中国人很喜欢说别人。如果你对别人的批评很在意，心理上就会很难过，往往越辩就越“黑”；如果你以理性的态度、开放的心情去接受，心情反而会坦然。

人生启示

"自信"是力量，是一种涵养，一种品质。只要你有自信，哪怕你身处险境，也能平静而坚强地面对一切，面对人生；你的人生也不会就此暗淡，因为你的自信使你的生命充满希望和憧憬。相反，你若缺乏自信，你便缺乏前进的动力和勇气；缺乏自信，便有可能功败垂成；而一旦失去自信，你的生活和生命里都会失去阳光。当然，自信也要有"度"，否则，就会变成狂妄自大而走向反面。

★设计你的策略，但别设计手段

生活中的任何一个人，都不能否定石油大王洛克菲勒是个智者，无论是他的心态还是思维方式，都是我们应该学习的。他曾经说过这样一句话："我们必须让自己成为一位策略的思考者，而不是手段的设计者。"这句话是要告诉我们，一个人要想成功，就要有战略性的思维方式和眼光，而不是拘泥于一些小问题。

洛克菲勒有位好友叫汉密尔顿，他是一位医生，他常常会为大家讲笑话。这天，在讲完垂钓者和渔夫的故事后，他问洛克菲勒："洛克菲勒先生，您是想做渔夫，还是想做垂钓者？"

这是一个好问题，洛克菲勒开玩笑地回答他："如果过去我做了垂钓者，那么，现在我根本不可能有资格和你们一起打高尔夫，因为垂钓者的方式不能保证我成功。"

接下来，洛克菲勒阐述了"垂钓者和渔夫"这两种思维方式的不同。尽管垂钓者也会事先作计划、决定：去哪里钓鱼、用什么饵料、要钓哪种鱼，需要将鱼线抛到哪里，而后才坐等大鱼上钩等。就形式而言，他们没做错什么，但结果是否如愿却没人知道。然而，尽管他们会花上半天乃至一天的时间，他们也有可能一条鱼也钓不到，也有可能只钓到几条鱼。而渔夫则不同，他不至于用垂钓这种方式，他的目的是捕鱼，他很有可能撒开网去，就能收获颇丰。

洛克菲勒说自己不是个固执、刻板的人，只要目的能达到，不必太拘泥于形式。最后，汉密尔顿笑了，说洛克菲勒泄露了赚钱的秘密。

“作为总裁，我只为属下设立清楚明确的方向或策略，但不会将自我局限于过分僵化的行动计划中。相反地，我会持续探索能够实现策略的各种可能性。”

的确，正如洛克菲勒自己所说的，他的非凡能力来源于他的思维方式。他曾告诫自己的儿子，不论你做什么，找出完美想法的最佳途径，就是得拥有许多想法。在作出最完美的决定之前，我会致力于寻找具有创意与功效的各种可能性选择，考量多种可能性方案，并积极尝试各种选择，然后才将重点放在最好的选择上。这也是他能捕到大鱼的原因。

那么，什么是策略性的思考呢？所谓策略性的思考就是指重大的带有全局性或决定性的谋略。战略观念的核心问题就是如何处理长远利益和眼前利益、局部利益和全局利益的关系问题。正确的战略观念来自实践，事物是不断发展的，所以战略观念离不开发展。战略观念和“因循守旧”，“不求进取”是相互对立的。

要提高这种思维能力，年轻人，你应注重抓住以下几个问题：

1.注重理论武装，以丰富的理论修养与知识素养作支撑

很难想象，一个没有理论思维的人能总揽和驾驭全局；而提高理论思维能力的根本途径就是学习，要通过学习强化知识武装。

2.注重信息扩展，开阔想问题、作决策的眼界和空间

在当今知识、信息大爆炸的时代，信息已成为最重要的战略资源，它可以被提炼成知识和智慧，因而在战略问题的研究中越来越具有突出作用。要对事关全局的重大问题进行战略思维，你必须以了解和掌握大量的信息为前提，这样方可开阔眼界，启发思路，作出具有远见卓识的行动决策。

事实证明，一个人了解、掌握的信息量越大，知识面越广，思维鉴别能力就越强，工作就越来越能得心应手、应对自如，从而真正做到讲政治、谋大局、抓大事。

3.强化全局观念，培养凡事谋全局的思维习惯

树立全局观必须一事当前想着全局，思考问题、筹划工作，应依据全局的方针、政策、原则指导局部，切实吃透上头的，摸清下头的，形成自己的，创造性地抓好落实。坚持局部服从全局，在培养凡事谋全局思维习惯的同时，要注重谋略锻炼。

4.强化求真务实，在实践中确立全局观

“没有调查研究就没有发言权”、“没有调查研究就没有决策权”这两句话，充分说明了一个人如果不知道、不重视实践就会在战略上丧失政治主动权。鉴于此，领导者必须通过各种途径和手段力争了解和掌握多方面的信息。

总之，年轻人们，如果你希望自己获得的成绩更高一点，财富更多一点，你就要学会从策略的角度思考问题，不要局限于自己局部的思维形式中。

人生启示

单纯操弄手段的计划者只配给策略者提鞋。许多人都坚持认为，成功的关键在于扎实的策略计划，然而，人们往往忽视的是，计划强调的是标准，因此我们在开始行动之前，其实已经局限了范围。

★愚者打先锋，后来居上才明智

我们都知道，二十一世纪是一个激烈竞争的时代，是一个知识经济的时代，更是一个张扬个性的时代。年轻人更是崇尚个性，于是，初入职场的他们渴望展示自我，推销自我。的确，你不表现就没有人听到你的声音，你不展示就没有人看到你的风采，你不推销就没有人买你的账单。可是，切记——“愚者打先锋，不管他们如何爱好吹牛。不必争，让别人打头阵，瞅准时机给他一个出其不意，后来居上才明智。”这句话出自于洛克菲勒。你的一言一行都会触动周围同事和竞争者的神经，那么，做有把握的事、说有把握的话，才能让你避开很多职场危险！

当然，任何事情的进展并不一定能人为地控制，这就更要求聪明的你学会观察，当你认为自己不具备解决疑难问题的本领时，千万不能逞强、充大头；而如果你有能力拯救危机时，也不要心急，要在关键时刻出手，让人刮目相看。而如果你能做到在关键时刻运用别人的智慧，那你就更能如虎添翼了。

在北方某个城市有个很出名的火锅店。刚开始的时候，这家火锅店并不是怎么出名，公司的李总也一直希望通过加盟连锁形式来做大做强，但具体的策划方案不知道怎么出，还有太多的细节问题有待解决。于是，在秘书的建议下，他找来一家专业的咨询公司，但是三个月下来，对于公司的企业文化都没有破题。

作为公司加盟部经理的张婷看在眼里，急在心里。其实，她已经是胸有成竹，准备将自己的想法告知李总，但她又转念一想，这么做不妥，不能在不对的时机献计献策。因为当领导把信任投给咨询公司时，再好的建议也会被他们淹没，只有当他们无计可施时，我站出来贡献智慧，才会被领导重视。于是，聪明的张婷只静观其变而不提出任何建议。后来，当咨询公司无计可施时，张婷向李总贡献了独到的企业文化理念和加盟策略，使公司的加盟效果特别明显，在不到一年时间加盟了300多家企业，一举赢得了李总的高度重视。

这次以后，以前不怎么看得起张婷的李总也终于明白什么叫“七步之内必有芳草”的道理了，从此把张婷作为了心腹和左膀右臂。

案例中的女员工张婷是聪明的，她深知，领导的任务就是带领下属实现某个共同的目标，要实现目标就需要智慧。作为员工，人们不仅需要懂得领导的智慧，更需要解决问题的智慧，也就是人们常说的“实力”。如果你想取得领导的信任和支持，光靠懂得领导和工作能力还是不够的，还需要你懂得把握时机，伺机而动，用实力和技巧说话是职场永恒不变的成功法则。

张婷不仅有实力，更难能可贵的是，她并没有急于表现自己，而是等待时机，等到上司无计可施时，才献计献策，她这种懂得掌控时机的智慧的确值得很多职场新人学习。

所以，你需要做到：

1.在表现自己的能力前先积累实力

职场中“枪打出头鸟”的例子太多了，尤其是那些初入职场的年轻人，为了表现自己，一旦看到有发挥自己能力的机会，就冲出头来，结果由于过高地估计了自己的能力，并没有达到让人“刮目相看”的目的，反倒被人认为是“爱出风头”。

2.寻找表现自己的时机

的确，你要想得到别人的尊重和肯定，是不应该放过表现自己的机会，但表现自己，并不是不择时机的。聪明人会懂得等待时机，在大家都觉得事态毫无转机的时候再出来“力挽狂澜”，在关键时刻才显示自己的能耐，更能加深你在众人心中的良好印象，更容易得到大家的赞赏与认同。

3.记得把功劳归功于团队

如果遇到老板的赞赏，你一定不要忘了把功劳归诸团队的共同努力，只顺便提一下自己的贡献，这样同事在感激你之时，自然也不会对你心生妒意。

可能，你会问，不表现自己，怎么会受到上司的赏识呢？所以不能错过机遇。但你考虑过没有，你能保证自己万无一失地解决问题吗？另外，你年纪轻轻，如果真的做到了周围前辈没有做到的事，势必会引起前辈们的反感，你的锋芒毕露就会让你树敌无数，让你身边危机四伏，就会失去本应属于你的机遇。“枪打出头鸟”说的就是这个道理。

当然，火候未到，锋芒不露，并不是要你做事畏首畏尾，不敢放手施展抱负。只是凡事都该有个“度”，张扬与内敛之间，就看你如何把握！

人生启示

年轻人，你要想表现自己，得到别人的认可，基础条件就是只有你具备表现的实力，才能抓住机遇。成功路上更重要的是修炼涵养，勿为不学无术之人，亦不可锋芒毕露。

★持久地吃苦，才有长久的收获

洛克菲勒曾说：“人要有远见，只有长时间地吃苦，才有长时间的收获。”诚然，没有人希望自己吃苦，但“吃苦所得到的，是将你的事业大厦建立在坚实的地面上，而不是流沙里。”也就是说，一个人只有经历苦难，具备了实际的行动能力，才能真正经受住追求目标路上出现的艰难困苦，才能真正获得成功。生活中的年轻人们，也许你毕业于名牌大学，或许你含着金钥匙出生，但如果你想最终做出一番成就，你就必须抛却那些光环，并将所学知识运用到实践中。

在洛克菲勒给约翰的信中，洛克菲勒这样阐述自己的观点：“实行能力从哪里来呢？在我看来它就潜藏在吃苦之中。我的经验告诉我，吃点苦、经历一些艰辛和失败，不仅会铸就我们坚强的性格，我们赖以成就大事的实行能力亦将应运而生。经历过苦难的人，有努力改变现状的决心，知道如何在困境中寻找解决问题的方法，让自己得救。处心积虑地去吃苦，是我笃信的成功信条之一。

“也许你会讥讽我，认为没有比想苦吃再傻的了。不！没有不幸体验的人，反而不幸。很多事情都是来得快去得也快，那些实现了一夜成名、一夜暴富梦想的人们，有谁不是很快就销声匿迹？人要有远见，只有长时间地吃苦，才有长时间的收获。”

从洛克菲勒的话中，我们不难看出，他就是个有远见的人，他能看到吃苦带来的意义。的确，一个人，如果贪图安乐和享受，那么，他最终就会失去实际行动能力。我们知道，历史上有名的“扶不起的阿斗”刘禅，他的昏庸无能很大一部分就是因为缺乏锻炼的机会，闹下了“乐不思蜀”的笑柄。

刘备去世后，他的儿子刘禅顺利登基，成为新一代蜀国皇帝。刘禅有个小名叫阿斗，他是个昏晕无能的人。刘备死前，曾经将刘禅交给诸葛亮辅佐，因此，一段时间以内，蜀国没有出什么大问题。但诸葛亮等一些贤人死后，刘禅很快就被魏国俘虏了。

蜀汉被灭之后的一段时间内，刘禅都留在成都。后来，魏国司马昭觉得不妥，便把他转移到了洛阳。

刘禅到了洛阳，便被司马昭封为安乐公，并且，与他同行的蜀汉大臣也被封了侯。司马昭这样做，无非是为了笼络人心，稳住对蜀汉地区的统治。但是在刘禅看来，却是很大的恩典了。

有一次，司马昭大摆酒宴，邀请了刘禅和以前蜀汉的旧臣。席间，司马昭叫来了一些歌女出演蜀国歌舞，众大臣纷纷有所感触，想起了自己亡国的痛苦，有的还流下泪来。但唯独刘禅，好像在自己的行宫一样毫不动容。

这一切，都被司马昭看在眼里。宴会后，他对贾充说：“蜀国出现刘禅这样无能的君主实在可笑，没心没肺到这步田地！想必，即使诸葛亮在世，也无力维持蜀汉的政权了。”

过了几天，司马昭在接见刘禅的时候，问刘禅说：“您还想念蜀地吗？”

刘禅乐呵呵地回答说：“这儿挺快活，我不想念蜀地。”

刘禅懦弱无能的弱点其实和诸葛亮有很大的关系。刘备在世时，诸葛亮便拥有一切大权，丝毫没有给刘禅任何锻炼的机会；刘备死时，阿斗17岁，正是长见识增才智的时候，而诸葛亮却包揽一切，阿斗则仍然是“温室中的花朵”；诸葛亮一死，阿斗便六神无主了。

其实，之所以要强调不能丢下吃苦的这一品德，是为了对年轻人们意志品质的磨砺、锻炼、培养。我们发现，那些功成名就的伟大人士，无不饱经了生活的苦难和精神的洗礼从而获得了意志和能力上的一种升华；恰恰相反，那些衣食无忧、受人百般呵护的人或多或少都有些性格、品行甚至价值观上的缺陷。蜜罐里长大的人弱点多，刘禅的懦弱无能就是这样一个典型的例子。

的确，现实生活中，一些年轻人不愿吃苦，是和他们的生活环境与家庭教育有关系的。因此，从年轻人自己的角度看，要想从吃苦耐劳的过程中有所收获，就应该将吃苦融入到日常生活中，无论在生活、工作还是学习上，多吃点苦，凡事靠自己，这会对你有很大帮助的。

人生启示

一个人要成才，不回避“艰难困苦”，方能“玉汝于成”。所以，任何一个年轻人，都要学会在日常生活中培养自己吃苦的品质，在必要的“穷”和“苦”中得到锤炼，懂得以艰苦奋斗为荣，以骄奢淫逸为耻，才能体会到靠自己的努力争取得来的快乐，也才懂得珍惜。

★兼具知识和智慧，才是真正意义上的智者

洛克菲勒说：“知识是外在的，是我们对所见事物的认识；智慧则是内涵的，是我们对无形事物的了解。只有二者兼备，你才能成为一个全面

发展的人。”这句话表明了书本知识和真正的智慧之间的关系。一个人，只有将书本知识转化为实际的行动能力，才能成为一个有用的人。的确，人类社会发展到今天，是否拥有动手能力和创新精神已成为一种判定人才的标准，这更是一种时代精神。哈佛大学的一位专家也指出：学校里学的东西是十分有限的，在工作中和生活中所需要的相当多的知识与技能，完全要靠我们在实践中边学边摸索。社会是更大的一本书，需要经常不断地去翻阅。

生活中的年轻人们，作为新时代未来的接班人，你也应该注意将理论与实践结合起来，因为这样的学习才是智慧的学习。

1890年10月，洛克菲勒给自己的儿子约翰写了一封信，信的大致内容是这样的：

“明天，我将要回老家科利佛兰处理一些家族的事情。所以，在我不在的这段时间，我希望你能替我打理一些事情。当然，你可能会遇到一些拿不定主意的事情，那么，你不妨向盖兹先生请教和咨询。他是我最得力的助手，一直以来，他的忠诚和工作能力都是不容置疑的，我非常信任他，我相信他能给你一些意见，当然，你必须要尊重他。

“约翰，我知道你是布朗大学的优秀毕业生，你的知识储备是丰富的，尤其是经济学与社会学。但你要明白的是，一个人，学的书本知识再多，都只是空的，只有把这些知识运用到社会实践中，它才是鲜活的，否则什么事都不会发生。而且，书本上的知识，是难以解决实际问题的。我希望你能去除对知识、学问的依赖心理，这是你走上人生坦途的关键。”

的确，正如洛克菲勒所说的，书本知识并不会有什么直接的作用，学问必须加以活用，才能发挥作用。要成为能够活用学问的人，你必须首先成为具有实行能力的人。

同样，生活中的年轻人们，即使曾经的你学习成绩再好，如果你没有动手能力，那么，你也只能如襁褓中的婴儿一样需要他人为你遮风挡雨。将理论知识运用到实践当中，你获得的不仅是知识，还有能力。

我们不难发现，有些知识储备大的人却发挥不出自己的能力，但这并不表明我们可以否定知识。因为这些知识丰富的职业人常自陷于自己知识的格局内，以至于无法成大功立大业。汽车大王亨利·福特曾经说过这么一句话："越好的技术人员，越不敢活用知识。"他经常遇到技师这样说："董事长，这简直无法进行，即使从理论上也是行不通的。"而且技术越好的人，越有这种消极的个性，这一点，被福特认为是增产上的一个重要障碍。同样，在日本，有人说"白领阶层是弱者"，我们仔细推敲一下这句话就能明白，知识丰富、学历良好的白领怎么可能是弱者呢？事实上，我们也很清楚的是，一个人，如果没有一定的科学文化知识，那么，在很多事情上他是无能为力的。当然，之所以人们会说"白领阶层是弱者"，是因为一些白领限于自己的知识格局内，而无法巧妙地将知识运用到实践中。

知识和能力是相互促进的，年轻人们，你要意识到我们学习知识的最终目的是为了增强我们的实际生活能力。你学习的是知识，得到的是能力。为此，你需要做到：

1.掌握好理论知识

这类知识即为我们从书本上学到的知识，只有强有力的理论指导，才能减少我们在实践操作中的错误。

2.作好知识与能力的转换

我们只有将所学的知识转化为能力，才能不受知识的束缚，否则学习的知识将影响我们能力的发挥，结果会与我们的初衷背道而驰。

3.不要让理论知识束缚手脚，否定自己的能力

例如，在面对一项工作时，一个人如果对有关知识了解不深，他会说："做做看。"然后着手埋头苦干，拼命地下功夫，结果往往能完成相当困难的工作。但是有知识的人，常会一开头就说："这是困难的，看起来无法做。"这实在是划地自限，且不能自拔。

4.多参加社会实践

参加社会实践，对于一个人来说，也绝对不是什么形式主义，更不是走过场。你会在活动过程中，得到许多的乐趣。真正的知识是对于一种事物发展规律的正确认识和经验。如果你什么社会生活的经验都没有，那你的所谓知识只能是书本上的"死"知识，而不是生活中真正的知识。这样的你也绝不能自立，更别说经受得住社会的洗礼了。

人生启示

"读万卷书，行万里路"，学习的最终目的是学以致用。对于年轻人来说，社会才是人生真正的战场，才能历练出一个真正的成功者。

★自作聪明的人是傻瓜，懂得装傻的人是真聪明

生活中，人都喜欢表现得聪明一点，因为这样周围的人才更加肯定自己。可真正聪明的人并不代表着能说会道，耍嘴皮子功夫，聪明也并不是总要表现出来。生活中，有些人看起来很傻，平时反应都要比别人慢上半拍，却是个"心里明白"的人，这样的人才是真正的聪明人。这正如洛克菲勒说的："自作聪明的人是傻瓜，懂得装傻的人是真聪明。""如果把

聪明视为可以捞到好处的标准，那我显然不是一个傻瓜。”

洛克菲勒在写给儿子的家信中说：“装傻带给你的好处很多很多。装傻的含义，是摆低姿态，变得谦虚，换句话说，就是瞒住你的聪明。越是聪明的人越有装傻的必要，因为就像那句格言所说的——越是成熟的稻子，越垂下稻穗。”

生活中的年轻人们也应该记住洛克菲勒的这句话，年轻人切忌恃才自傲，不知饶人。锋芒太露易遭嫉恨，更容易树敌。做个会装傻的明白人，才是上乘的交际之策。

苏联卫国战争初期，德军长驱直入。这是一个关乎整个民族生死存亡的时刻，因此，即便那些曾经驰骋沙场的老将们也带头站出来要保卫祖国，其中就包括铁木辛哥。当然，他们的年纪的确也让他们感到力不从心，在这种情况下，一批年轻的军事家脱颖而出。

江山代有才人出，老将们还是不得不承认未来的天下是年轻人的，当然，他们在思想上肯定也是有波动的。

1964年2月，苏联老元帅铁木辛哥受命去波罗的海，他的任务是协调一、二方面军的行动，青年将领什捷缅科被任命为他的参谋长。其实，什捷缅科心里明白，这位老元帅对总参部的年轻人的能力是持怀疑态度的，但上级的命令，只好服从。

他们一起上了通往波罗的海的火车。晚饭时候，一场不愉快的谈话便开始了。铁木辛哥先发出一通连珠炮：“上级为什么派你做我的参谋长，难道是来监督我们的？别做梦了。当年我们领军打仗的时候，你们还是一群只会在桌子底下爬的孩子。我们为你们建立起了苏维埃政府，而如今，你们从军事学校毕业了，就觉得很了不起了吗？革命开始的时候，你才几岁？”这番教训，简直一点儿情分都没有留。但什捷缅科却老实地回答：

“那时候，我刚满十岁。”接着，他又心平气和地与老元帅交谈了一会儿，并表示自己很愿意向他学习。最后，铁木辛哥最后说：“算了，外交家，睡觉吧。时间会证明谁是什么样的人。”

就这样，他们一起并肩战斗了一个月。又一次，他们在一起喝茶，铁木辛哥突然说：“现在我明白了，我误会了你，你不是我想的那种人，我还以为你是斯大林专门派来监督我的……”后来什捷缅科被召回时，心里很舍不得和铁木辛哥分离。又过了一个月，铁木辛哥亲自向大本营提出要求，要调这个晚辈来共事。

长江后浪推前浪，这是理所当然的事，但作为老将的铁木辛哥心中不好受，这也在情理之中。面对铁木辛哥的发难，什捷缅科在受辱之时装憨相，过了铁元帅关，体现了后生的谦卑及对老人的尊重，是大智若愚的表现。懂得装傻者绝非傻子，憨厚有时是最高智慧者才能为之。许多时候，要想受到别人的敬重，就必须掩藏你的聪明。

当然，装傻忍辱不是消极逃避，它的目的是避免与对方正面的“交战”，以免伤了和气；否则，也不会实现我们最初的交际目的。而装傻，是一种以退为进、以大局为重的表现。

年轻人，想一想生活中你在遇到以下情况时是怎么做的：当有人或善意或恶意地向你发难，将你置于窘境时；当你面对领导的非难不知如何应对时；当你面对下属的狡辩不知如何还击时；当你面对商业伙伴的无理要求不知如何交手时；当你面对政治对手的刁难不知如何应对时；当他人有求于你，而你又不愿满足其要求却不便断然拒绝时；当别人提出一些办法，你不同意，又不便直接反驳时……这时，我们就需要避开别人的直接发难，从而避开问题的焦点，然后主动示好，对方也就不好再进行刁难。总之，你要懂得适时“装傻”的技巧，不露自己的高明，更不能纠正对方的错误。装傻可以为人遮羞，自找台阶；可以故作不知达成幽默，让别人放下心中的警惕和芥蒂，从而使你成功地攻破人心。

人生启示

会装傻的人才是真聪明，才是大智慧的表现。年轻人与人打交道的过程中，切忌锋芒毕露，要学会圆润处世，要学会半开半合，微醉微醒，做个偶尔装傻的明白人！

★只有剪除周围的别枝繁叶，才可以在日后一枝独秀

洛克菲勒曾说：“当红色的蔷薇含苞欲放的时候，只有剪除周围的别枝繁叶，才可以在日后一枝独秀，开出妩媚艳丽的花朵。”这句话出自于他写给儿子的一封信中，目的是要告诉小约翰，成功就是要有竞争，就是要打败对手。要想在商场上成为最终的赢家，就要勤于思考，做事小心，能够看到事物中一切可能存在的危险和机遇，同时又要像一个棋手那样研究所有可能危及你霸主地位的各种应对战略。

在具体的策略操作也就是发展他的石油工业的初始阶段，他将大本营科利佛兰作为他发动统治石油工业战争的第一战场。待征服在那里的二十几家竞争对手之后，他再迅速行动，开辟第二战场，直至将那些对手全部征服，建立石油业和新秩序。

年轻的朋友们，你现在正是“初生牛犊不怕虎”的年纪，凡事积极进取，但做事容易欠缺考虑，于是，很容易走弯路；而实际上，只有用理性指导激情，你才是真正的勇者。犹太人被世界公认是非常精明并且敢于冒险的一族，正是兼备了这两种的品质，他们才能解决遇到的危机。

犹太人约瑟夫在1835年投资了一家小型保险公司。但是在他投资不久，纽约就发生了一场特大火灾事故，很多同行心慌手乱，认为自己这次赔大了，纷纷低价转让自己的股份。而这时约瑟夫剑走偏锋，出人意料地买下了这所公司全部股东的股份。这真是一场大的赌博。然而在完成理赔后，他公司的信誉突然增加了，虽然约瑟夫把保险金提高了一倍，但很多新的客户却很放心地在他这里投保，约瑟夫由此也发了大财。在不少犹太人看来，每一次风险都隐藏着许多成功的机会，风险越大生意越有可能做大。只有敢于冒险的人，才会赢得财富。

在外人看来，约瑟夫的做法是冒险的，但约瑟夫并不是有勇无谋，他就是掌握了人们对保险这一行业的心理。只有自信，才能让他人相信自己，约瑟夫的这一举动，正是向人们证明了这一点，他所投资的公司的信誉自然也就增加了。

克劳塞维茨说："只有通过智力的这样一种活动，即认识到冒险的必要而决心去冒险，才能产生果断。"的确，人们在思考时候，可能受到某些情绪的干扰，此时，我们要学会自制。你要知道，每个人都兼具理性与感性，对任何事都要用理智作衡量，大部分的行为要以理性为出发点。跟着感觉走，想做什么就做什么是人类向低等动物的退化。而用理性指导感情，该做什么就做什么，才能避害趋利，干出一番事业来。

培根曾说：我们要时时注意，勇气常常是盲目的，因为它没有看见隐伏在暗中的危险与困难，因此，勇气不利于思考，却有利于实干。所以对于有勇无谋的人，只能让他们做帮手，而绝不能做领导者。无论你做什么事，都不妨把方方面面都考虑到，这不仅有助于提高你的综合思考能力，更能帮你减少事情失败的损失。当然，如果你想成为一个有勇有谋的人，就必须从现在起学会锻炼自己。

总之，生活中的年轻人，无论做什么事，你都不能鲁莽行事，为了冒险而冒险。在决定做某件事情前，一定要挖掘足够的信息，然后才能够准确预测出“有所作为的风险”和“无所作为的风险”，这样的冒险才是最智慧的选择，才能使自己立于不败之地！

人生启示

“成功取决于思考和智慧。”蛮干之人，没有思想之人，不管付出多大代价和牺牲，也难以成功。做任何事，要想取胜，都不能鼠目寸光，急功近利，跟风冒进，而要有远大的眼光，顺应形势的要求，把握时代的脉搏和趋势，从而因势利导，采取适当的措施。

第3章

成功篇——行胜于言，行动代表一切

相信很多年轻人都感叹于洛克菲勒的成功、羡慕他的财富，但是往往忽略了他成功途中的跋涉。仔细研究他的历史，我们会发现，他都是扎扎实实走过来的，而绝不是靠一股盲目的热情促成的。的确，任何一个人，如果没有牢靠的基础，稍稍起些风浪，他们就会像以前轻易得到荣誉一样，轻易地失去手中的一切。要知道，我们所处的是一个风云激荡的年代，是一个机会频生的时代，这是一个人人都渴望成功的时代。你要想在这个时代成就一番事业，就必须在理想的召唤下，制定近期与长期的目标，一步一个脚印，踏踏实实地走向成功。

★摒弃你的个人偏见

洛克菲勒先生曾经说过这样一句话："永远不能让自己的个人偏见妨碍自己的成功。"这句话的含义是，在追求成功的过程中，我们难免需要与自己不喜欢的人和事打交道，但我们要从大局考虑，要用包容的心去根除个人偏见。年轻人们，现在的你人生经验尚浅，很容易意气用事，而学会与自己不喜欢的人打交道，正是修炼个性的重要方面。

洛克菲勒先生曾经有个劲敌，他就是摩根先生。事实上，他很讨厌摩根，因为摩根先生是个傲慢无礼的人。而洛克菲勒明白，摩根先生也不喜欢自己。

然而，这两位商业奇才却经常合作，他们是怎么做到的呢？因为他们都能放下偏见。曾经几次，摩根先生主动提出与洛克菲勒结盟。

在一次谈判中，洛克菲勒说："我已经退休了，如果你愿意，我很乐意在我家中恭候你。"结果，不出洛克菲勒所料，摩根先生果真来了，这对他而言显然是有些屈尊。但他做梦都不会想到，当他提出具体问题时洛克菲勒会说："很抱歉，摩根先生，我退休了，我想我的儿子约翰会很高兴同你谈那笔交易。"

这是一种公然的轻蔑，但摩根先生却很克制，他告诉洛克菲勒希望他能到自己在华尔街的办公室去谈。结果，洛克菲勒答应了。

善于思考与善于行动的人，都知道必须祛除傲慢与偏见，都知道永远不能让自己的个人偏见妨碍自己的成功。我们不难看出，摩根先生就是这样的人。

事实上，很多时候，如果你能放下偏见，主动伸出友谊之手，你就会收获一份意外的友谊。我们再来看看世界上的顶级富翁巴菲特和比尔·盖茨之间的一段故事：

曾经一度，世界首富比尔·盖茨和世界第二富翁沃伦·巴菲特是两个互不相干的人，并且互相还存在着一定的偏见。在巴菲特看来，盖茨的成功完全是运气使然；而盖茨也认为巴菲特是一个小气、顽固、靠投机敛财的人。但后来的一次机遇，让他们重新认识了彼此，并建立了深厚的友谊。这件事情发生在1991年。

那年的一天，巴菲特给盖茨寄去了一张华尔街CEO聚会的请帖，主讲人就是巴菲特。因为对巴菲特心存偏见，盖茨对这次聚会不屑一顾，对于这张请帖，他也随手丢到了一旁。这一幕被盖茨的母亲看到了，她劝解自己的儿子："我倒是觉得你应该去听听，他或许恰好可以弥补你身上的缺点。"母亲的话对盖茨起到了作用，他决定以全新的态度去认识巴菲特这个商界前辈。

二人见面后，对盖茨同样心存偏见的巴菲特也傲慢地说："你就是那个传说中非常幸运的年轻人啊？"在听过母亲的劝解后，盖茨是抱着一颗真心来结识巴菲特的，因此，面对巴菲特并不客气的问候，他没有针锋相对，而是真诚地鞠了一躬，"我很想向前辈学习。"盖茨的这一举动让巴菲特觉得很意外，但也很感动，就是这一举动，让巴菲特对盖茨的印象一下子好了很多。

就在离会议开始还有一段时间时，这两个商界奇才坐到了一起，他们就世界经济这一问题发表了自己的看法，他们发现，原来彼此对于很多问题的见解都如此惊人地一致。除此之外，他们还有很多共同点：都是白手起家、热衷冒险、不怕犯错误……不知不觉中，时间溜过去一个多小时，意犹未尽的巴菲特被催促着来到演讲台上，他的开场白竟然是："在开始讲话之前，我想说的是，今天我第一次和比尔·盖茨交谈，他是一个比我聪明的人。"

从这次聚会之后，他们之间进行了更为密切的交往，随后，他们都发现原来彼此从前对对方存有很深的偏见。盖茨逐渐认识到，原来巴菲特并不是人们所说的吝啬小人，而是对金钱有着超凡脱俗的深刻见解，他说"财富应该用一种良好的方式反馈给社会，而不是留给子女"。就是在他的影响下，一心忙于工作、对婚姻持怀疑态度的盖茨终于学会了热爱家庭。

而在巴菲特眼里，盖茨也是个年轻有为的"真人"。2006年6月15日，盖茨宣布将逐步退出微软，专心从事慈善基金会的事业。紧随其后，6月25日，巴菲特因为妻子过早去世，决定将把370亿美元的财产捐给盖茨的慈善基金会。

巴菲特多次公开说，此生最了解他的人就是盖茨；而盖茨尊称巴菲特为自己人生的老师。

可以说，盖茨和巴菲特之间偏见的解除，是由盖茨这个年轻人的一句"我很想向前辈学习"开始的。他曾经给巴菲特的印象就是一个幸运的年轻人，而当他决定用一颗真心去结交巴菲特的时候，他已经决定抛开成见。他跨出了交往的第一步，才会有后来两人关系的逐渐好转到成为莫逆之交。

生活中的年轻人，可能你也曾蒙羞，遭到他人的质疑和批评，你为此感到很懊恼，你憎恶他们，甚至不愿意与他们多说一句话。但你考虑过原因没有？除去恶意的攻击外，也许你真的能力欠佳，或者做人做事不成熟、太过高调等。事实上，蒙羞不是一件坏事。如果你是一个知道冷静反思的人，或许就会认为侮辱是测量能力的标尺。事实上，洛克菲勒就是这样做的。

人生启示

尊严不是天赐的，也不是别人给予的，是你自己缔造的。所以，如果有人伤害你的感情、你的尊严，你要不为所动。你不死守你的尊严，就没有人能伤害你。

★害怕失败而不冒险，你始终尝不到成功的滋味

作为一个平凡的人，我们每个人都害怕失败，渴望成功，于是，人们在执行自己的目标与想法前，都会产生各种顾虑，都会迟疑不定。而实际上，正是因为迟疑，人们开始恐惧、左思右想，最终会被恐惧扰乱心境而不敢执行。在任何一个领域里，不努力去行动的人，就不会获得成功。

洛克菲勒曾经说过：“一旦避免失败变成你做事的动机，你就走上了怠惰无力的路。”世上没有任何事情比下决心、立即行动更为重要，更有效果。

因此，生活中的年轻人，如果你想让自己更有勇气去执行，去追逐内心的梦想，那么，就别把胜败看得太重要，放下失败的顾虑吧！这样你才

能勇往直前，抵达成功。

洛克菲勒曾经给他的儿子小约翰写过一封信，为了使约翰摆脱失败的阴影，他阐述了自己关于失败的见解：

“机遇毕竟是机遇，不是所有人都能掌握，很多人因为抓住了机遇而发迹。我们看那些穷人，他们并不是不努力，他们是苦于没有机会。我们生活在弱肉强食的世界里，害怕风险，最终会被别人吞食，而你只有利用机遇，才能保证自己的生存与发展。

“的确，人人都害怕失败，但人们看不到失败背后的价值，失败能使我们走上更高的地位。可以说，我拥有现在的财富和地位，是因为我敢于踩着失败前进。我能从失败中总结出经验和教训，用自己不曾想到的手段，去开创新事业。所以我想说，只要不变成习惯，失败就是件好事。”

的确，洛克菲勒是个乐观的人，他在一生中经历过无数次的失败，但他并没有因此而畏首畏尾不敢再尝试，冒险使得他敢于做他人不敢做之事，正因为如此，他才取得了常人不能取得的成功。然而，在现实生活中，一些人常常就是因为左顾右盼而没有具体行动，最终一事无成。我们再来看下面一个寓言故事：

一天，有人问一个农夫他是不是种了麦子，农夫回答：“没有，我担心天不下雨。”那个人又问：“那你种棉花了吗？”农夫说：“没有，我担心虫子吃了棉花。”于是那个人又问：“那你种了什么？”农夫说：“什么也没有种。我要确保安全。”

其实，我们又何尝不是和农夫一样呢？在行动前，我们往往在一开始就为自己想好了失败之后的退路，而那样永远都不会有什么成功，只会与目标渐行渐远。所有的成功者都必定有着果断的执行力。可能一直以来，你认为自己是个勇敢的人，但一旦要到真正可以表现自己勇气的时候，却左右迟疑、不敢付诸实践。其实，这不是真的勇敢，因为勇敢不是停留在言语上的，而是要放手去做的。

事实上，在追求人生目标的过程中，我们的内心之所以会摇摆不定、左右顾虑，害怕失败，有时候，除了经验的缺乏让我们不敢下决心外，还可能是因为受到一些外在因素的干扰。但只有果断才是心中的灯光，时刻照亮着成长的坐标。哲人说得好，你听到的一切并不完全正确，也不要因他人的议论而鄙视自己，否则就会陷入自卑的“心灵监狱”。我们常常发现有些人除了拿别人的优点与自己的缺点比较外，还喜欢听信那些不该信的话，他们认不清自己身上蕴藏着无穷无尽的潜力，心绪委靡，不知不觉中为自己营造了自卑的“心灵监狱”。

生活中，总有人慨叹：其实我并不喜欢现在的生活，我更想……谈了一大堆的计划，一大堆的梦想，可是，最后他们并没有去实践。如果这么一问，他们还会摇摇头说：不行啊，无奈啊，没办法啊……真的有那么无奈吗？ 既然无力改变又何必总是埋怨？ 如果埋怨、不满，又为何不去努力改变？大多数人之所以与梦想渐行渐远，就是因为他们总是给自己的懈怠找很多理由，例如，我资金不够多；我学历不高；竞争太激烈，做这个太冒险了；我没有时间；我的家人不支持我……而没有足够的资金，没有学历，没有这个那个，其实都是因为你太在意成败，但你别忘了那句最常听说却最容易忽略的话：胜败乃兵家常事，左右迟疑只会一事无成。

人生启示

人要始终保持活力，永远坚强、坚毅，不论遭遇怎样的失败与挫折。害怕失败就不敢冒险，不敢冒险就会错失眼前的机会。为了避免丧失机会、保住竞争的资格，我们支付失败与挫折是值得的！

★总要试一试，不然怎么会有希望

生活中，任何一个年轻人都知道努力在目标实现过程中的重要性。但很多时候却事与愿违，他们越是努力，越是找不到解决问题的出路。于是，他们开始怀疑自己的目标是否正确，自己是否一直在错误的道路上行进。其实，他们离成功实现目标已只有一步之遥，只要他们做到极限的努力，就能看到前方的明灯。而实际上，很多人正是在这最后一刻放弃了。

洛克菲勒有这样一条语录："凡事都得试试，哪怕希望微乎其微。"这句话就是告诫我们在面对困难时一定不要放弃希望。所以，年轻人，不管你现在的状况如何，你都要扪心自问，你做到尽全力了吗？如果答案是否定的，那么，就要首先把自己的"厚度"给积累起来，当有一天时机来临的时候，你就能够奔腾入海，成就自己璀璨的生命。

洛克菲勒曾经在他的自传中说过这样一个故事：

有一个人，他的工作要求他经常出差，但是他的运气似乎很差，总是买不到坐票。但奇怪的是，他总能找到座位，再漫长的旅程，他都能愉快到达。

他的朋友们很好奇，便问他是怎么做到的，他说："其实，这并没有什么好神奇的，我每次上车后，都会一节一节车厢去寻找座位，总是能寻找到。而那些和我一起上车的没座位的人，却没有人这么找下去，他们总是在找了一两节车厢后就选择了放弃，最终，他们只能站到终点。”

洛克菲勒讲述这个故事，是要告诉我们，人生也像搭乘列车，那节车厢人满为患，看上去并没有你的座位，你如果放弃去找，只能一直站着。而成功往往就是最后那一刻的坚持，坚持就能看到希望，就能找到自己人生的“座位”。

对于那些刚从校门里毕业的年轻人来说，更要记住洛克菲勒的话，年轻人做事切记要有耐性，不懂得坚持，正是一些人所以一生平庸的根源。不得不承认的是，很多年轻人无论是在学习上还是日常生活中做事时，开始的时候都是一腔热血，然后则热情消退，以至于最后完全放弃。这就是浮躁心理的作用，为此，你一定要克服这一心理，让自己的心沉静下来。

要问成功有什么秘诀，丘吉尔在一次演讲时回答得很好：“我的成功秘诀有三个：第一是，绝不放弃；第二是，绝不，绝不放弃；第三是，绝不，绝不，绝不放弃。”

被拒绝了1000次之后，还敢去敲1001次门的席维斯·史泰龙就是靠毅力走向成功的。他在未成名之时，身上只有100美元和一部根据自己悲惨童年生活写成的剧本《洛奇》。于是，他怀揣着梦想，挨家挨户拜访好莱坞所有的电影公司，但遗憾的是，没有一家公司愿意录用他。

当时好莱坞有五百家电影制片公司，史泰龙就被拒绝了500次。面对500次的拒绝，他依然没有灰心，他坚信，胜利就在下一秒。

于是，他开始了第二轮的拜访，从第一家公司开始，但结果依旧如此。再一次的打击依然没有打倒史泰龙，他没有放弃希望，他把1000次的拒绝，当作1000次绝佳的经验。接着他又鼓励自己从1001次开始，后来又经过多次上门求职，总共经历了1855次严酷的拒绝，终于有一家电影制片公司同意采用他的剧本，并聘请他担任自己剧本中的男主角。

史泰龙的成功，更加证实了坚持的道理。在机遇面前，行动固然重要，但坚持更为重要。在追梦的过程中，年轻人，你永远都不要放弃心中的希望，如果遇到困难，把困难当成人生的考验，不要在困难面前茫然退缩，更不要不知所措迷失自己，要满怀希望地为着自己的梦想而努力，相信终有一天，你会走出低谷，走向光明。现实是美好的，但又是残酷的，关键在于面对困难时，你是否具有韧性，能否坚持到底。

人生启示

生活在一个充满机遇的世界里，只要你加强知识的积累，拥有敢为天下先的创新意识和勇气，把握时机，那么你就会获得事业上的成功。每次陷入绝境就是一次挑战，只要坚持一下，总有一天你会成功！

★敢于冒险，成功更青睐于那些有勇气的人

生活中，人们常说“年轻就是资本”。任何一个年轻人，都还处在人生的初级阶段，都应该学会解放自己，解放思想，做到敢为人先，才能抓住第一个机会。这正如石油大王洛克菲勒所说的：“想获胜必须了解冒险的价值，而且必须有自己创造运气的远见。风险越高，收益越大。”

的确，成功需要冒险，维持现在也只能甘于平庸。洛克菲勒在给儿子小约翰的信件中曾提到这一件事：

1936年11月2日，赌场出现了一位传奇的人物。他是一个赌徒，在赌场赢了一大笔钱，即将成为一名富人。他的名字是大卫·莫里斯，与美国

独立战争时期的费城商业王子罗伯特·莫里斯先生同姓，他在报纸上登出了自己的人生格言：好奇才能发现机会，冒险才能利用机会。

洛克菲勒说，自己一向对赌徒不以为然，但对于这位莫里斯先生，他不得不佩服，甚至曾对自己的朋友提及，这位莫里斯先生一旦投身商界，他一定会成为一个优秀的商人。

“没有维持现状这回事，不进则退，事情就是这么简单。我相信，谨慎并非完美的成功之道。不管我们做什么，乃至我们的人生，我们都必须在冒险与谨慎之间作出选择。而有些时候，靠冒险获胜的机会要比谨慎大得多。”

其实，洛克菲勒是推崇冒险的，他曾经从农产品行业转到炼油业，就是一次冒险行动；他和自己的合伙人克拉克分道扬镳，更是一次冒险，即使他也为此付出了高昂的代价。

洛克菲勒认为，我们不能秉持安全第一的原则，安全不能带来财富，要想获得报酬，我们就要学会冒险，学会承受风险。当然，他还曾说，如果你想知道既冒险而又不招致失败的技巧，你只需要记住一句话：大胆筹划，小心实施。

在第一次世界大战期间，法国有个很著名的上校叫泰勒，当时，他任第六师师长，他的处事方式很令人钦佩。

有一次，在他的儿子向他告别时，他告诫儿子说：“孩子，记住：你的姓是泰勒，泰勒这个姓代表着做事能力。你永远不可以靠边站，让出路给其他敢于冒险的人走。你要冒险向前使他们让出路来给你走。”

接着，他继续说道：“大街上行人拥挤，交通阻塞。但呼啸的消防车飞驰而过时，大家都自动地让出路来。当然你偶尔也会感到沮丧、软弱，但这正是你需要鼓起战斗勇气的时刻。只要你迈步向前，沮丧、软弱都会躲开你。”

勇敢地尝试新事物，才能发现新的机会，使你迈进从未进入的领域。生命原本是充满机会的，千万别因放弃尝试而错过机会。

因此，新世纪的年轻人，你也应该跨越传统思维的障碍，应该时时刻刻寻求新的变化，并敢于释放自己、改变自己。当然，要做到敢为人先，你还必须从当下的生活和工作中加以练习，为此。你需要做到：

1.丰富自己的知识结构以开阔视野

在我们的日常生活和工作中，常常用视野比喻人眼界开阔程度、眼光敏锐程度、观察与思考的深刻程度等。可以说，视野是不是开阔，是衡量人的综合素质的重要标尺。而视野开阔与否，取决于对知识掌握多少，取决于思想理论水平的高低。常言道，学然后知不足。勤于学习的人，越学越能发现自己的不足，于是想方设法充实自己、提高自己，学到更多的东西，视野也会随之越来越开阔，越能跟上前进的步伐。

2.打破现有的安逸假象

一个人不愿改变自己，往往是舍不得放弃目前的安逸状况。而当你发觉不改变是不行的时候，你已经失去了很多宝贵的机会。

因此，即使你现在每天衣来伸手饭来张口，你也必须要明白，未来社会，你必须要一个人生存、参与社会竞争，你必须要有随时改变自己、更新自己的意识。

3.在心理上超越“不可能”的思想观念

任何人想要解决问题，必须在他的思想中超越问题，这样，问题就不会显得如此令人畏惧。而且他会产生更大的信心，深信自己有能力去解决它。

在你进行尝试时，难免会产生一种“不可能”的念头，例如，认为自己不能解决某道被人认为很有难度的数学题。但对此，你必须要从心理上超越它，只有这样，你才能站在高高的位置上，低头俯视你的问题。

人生启示

任何成功都源于改变自己，你只有不断地剥落自己身上守旧的缺点，才能做到敢为人先，才能抓住第一个机会，才能实现自己的进步、完善、成长和成熟。

★积累自信，就是积累成功

中国古语说："人皆可以为舜尧。"意思是说，只要你树立必胜的信心，就能够战胜任何困难，成为杰出的人。自信，使不可能成为可能，使可能成为现实，不自信却使可能变成不可能。一分自信，一分成功；十分自信，十分成功。

洛克菲勒曾说过："一旦确定了目标，就应尽一切可能，努力培养达成目标的充分自信。"的确，信心可以决定一个人的成败。假如这个人是自卑的，那自卑就会扼杀他的聪明才智，消磨他的意志。每个渴望成功的年轻人，都应该记住洛克菲勒的这句话，在找到自己前进的方向后，你就要努力培养自己的自信心，有自信的人到哪里都光彩夺目。为此，你要告诉自己：我是最棒的！拥有这样的信念，无论何时，你都能有优秀的表现，都能挖掘出你意想不到的潜力。

洛克菲勒还曾说过："我从不相信失败是成功之母，我相信信心就是成功之父。胜利是一种习惯，失败也是一种习惯。如果想成功，就得取得持续性的胜利。我不喜欢取得一时的胜利，我要的是持续性的胜利，只有这样才能成为强者。信心激发了我成功的能力……”

“当我还是一个穷小子的时候，我就自信我一定会成为天下最富有的人。强烈的自信激励我想出各样可行的计划、方法、手段和技巧，并一步步攀上了石油王国的顶峰。”

正因为有成功的信念，洛克菲勒才能由一个贫困的杂货店店员变为世界上第一位亿万富翁。

在美国，曾经有这样一个调查：一个人胜任一件事，有85%取决于他的态度，15%取决于他的智力。如果他自信，事情肯定会办好。我们都知道，自信是对自己的高度肯定，是成功的基石，是一种发自内心的强烈信念。我们需要自信，无论在生活还是工作中，一个自信的人，常常会看到事情的光明面。

我们再来看下面一个故事：

一位音乐系的学生走进练习室。在钢琴上，摆着一份全新的乐谱。

“超高难度……”他翻着乐谱，喃喃自语，感觉自己对弹奏钢琴的信心似乎跌到了谷底，仿佛消失殆尽。已经三个月了！自从跟了这位新的指导教授之后，他怎么也想不通为什么教授要以这种方式整人。他只好勉强打起精神。开始用自己的十指奋战、奋战、奋战……琴音盖住了教室外面教授走来的脚步声。

指导教授是个极其有名的音乐大师。授课的第一天，他给自己的新学生一份乐谱，“试试看吧！”他说。乐谱的难度颇高，学生弹得生涩僵滞、错误百出。“还不成熟，回去好好练习！”教授在下课时，如此叮嘱学生。

学生练习了一个星期，第二周上课时正准备让教授验收，没想到教授又给了他一份难度更高的乐谱，“试试看吧！”上星期的课教授也没提。

学生再次挣扎于更高难度的技巧挑战。

第三周，更难的乐谱又出现了。同样的情形持续着，学生每次在课堂上都被一份新的乐谱所困扰，然后把它带回去练习，接着再回到课堂上，重新面临两倍难度的乐谱，却怎么样都追不上进度，一点儿也没有因为上周练习而有驾轻就熟的感觉。学生越来越感到不安、沮丧和气馁。当教授走进练习室时，学生再也忍不住了，他必须向钢琴大师提出这三个月来何以不断折磨自己的质疑。

教授没开口，他抽出最早的那份乐谱，交给了学生。“弹奏吧！”他以坚定的目光望着学生。

不可思议的事情发生了，连学生自己都惊讶万分，他居然可以将这首曲子弹奏得如此美妙、如此精湛！教授又让学生试了第二堂课的乐谱，学生依然呈现出超高水准的表现……演奏结束后，学生怔怔地望着老师，说不出话来。

“如果，我任由你表现最擅长的部分，可能你还在练习最早的那份乐谱，就不会有现在这样的程度……”钢琴大师缓缓地说。

从这个故事中，我们发现，我们原以为自己只习惯在自己熟悉的领域表现自己的能力并驾轻就熟，而事实上，如果我们自信一点，并能将那些压力转化为动力，那么，我们便能挖掘出无限的潜力，甚至可以超水平发挥！曾经有位军人这样说：“我打了那么多次胜仗，其实说起来毫无秘密，因为我总能看到希望。”这就是信念的力量。

总之，生活上的年轻人，你一定要明白，人的潜力是无穷的，在你确定好自己的目标后，就要不断培养自己的自信心。这样，你会发现，在追求目标的过程中，即使遇到困难，你也会坚持到底，因为这份自信心会不断鼓励你克服困难、勇往直前！

人生启示

人们都渴望成功，但真正成功的人却是少部分，因为只有少部分人相信自己最终会成功。成功者自信，失意者自卑。一个人只要有自信，那么他就能成为他所希望成为的人。青少年朋友们，无论你想成为什么样的人，从现在起，只要你不断积累信心，然后朝着目标奋进，你就能成功！

★没有一杆完成的高尔夫比赛

石油大王洛克菲勒曾在给儿子的信中说过这也一句话：“没有一杆完成的高尔夫比赛，你需要一杆一杆地打下去，你每打出一杆的目的，就是离球洞越近越好，直到把球打进。”这句话的含义是，作为年轻人，无论是学习还是做事，我们都要专注于眼前的目标并做到持之以恒，只有这样，才会有所成效。正如托马斯·爱迪生所言，成功中天分所占的比例不过只有1%，剩下的99%都是勤奋和汗水。年轻人，专心致志干一行一业，不腻烦、不焦躁，埋头苦干，不屈服于任何困难，坚持不懈；只要你坚持这样做，就能造就优秀的人格，而且会让你的人生开出美丽的鲜花，结出丰硕的果实。

18世纪早期就读于牛津大学的圣·里奥纳多在一次给校友福韦尔·柏克斯顿爵士的信中谈到他的学习方法，并解释自己成功的秘密。他说：“开始学法律时，我决心吸收每一点获取的知识，并使之同化为自己的一部分。在对一件事没有充分了解清楚之前，我绝不会开始学习另一件事情。我的许多竞争对手在一天内读的东西我得花一星期时间才能读完。

而1年后，这些东西，我依然记忆犹新；但是他们，却早已忘得一干二净了。”

的确，成功者之所以成功，就是因为在专注的过程中，经过了沮丧和危险的磨炼，才造就了天才。在每一种追求中，作为成功之保证的与其说是卓越的才能，不如说是追求的目标。目标不仅产生了实现它的能力，而且产生了充满活力、不屈不挠为之奋斗的意志。因此，意志力可以定义为一个人性格特征中的核心力量，概而言之，意志力就是人本身。它是人的行动的驱动器，是人的各种努力的灵魂。真正的希望以它为基础，而且，它就是使现实生活绚丽多姿的希望。在伯特尔修道院镌刻着一条关于破碎的头盔的格言：“希望就是我的力量。”这条格言似乎与每个人的生活息息相关。

当然，除了专注外，我们还需要做到持之以恒。毕竟，任何一项本领的获得，任何一件事的做成，都不是一蹴而就的。初入社会，任何一个年轻人，都满腔抱负，希望可以一展拳脚，做出一番成绩来，但现实告诉他们，必须要从最基础的工作做起。这对于心浮气躁的年轻人来说，无疑是更高层面的挑战。艾森豪威尔说：“在这个世界，没有什么比‘坚持’对成功的意义更大。”的确，世界上的事情就是这样，成功需要坚持。雄伟壮观的金字塔的建成正因为它凝结了无数人汗水的结晶；一个运动员要取得冠军，前提就是必须要坚持到最后，冲刺到最后一瞬。如果有丝毫之松懈，你就会前功尽弃，因为裁判员并不以运动员起跑时的速度来判定他的成绩和名次。

当然，坚持就是需要培养自己的耐力，就是要坦然面对任何困难。

日本著名企业家松下幸之助，就是一个在困难中勇于挺住，赢得时间，最终成就大业的商界巨人。他在谈经营管理的论著中，专门阐述了如何面对经济不景气的问题。他认为，不景气是企业发展过程中的一个阶段。从景气到不景气，再到景气，这是经济发展的客观规律。当不景气来临时，正好考验经营决策者的能力和胆识。他说，“利用不景气打天下。当大家在不景气下一筹莫展时，你仍有开拓事业的勇气和能力，将来就是你的天下了。”

松下幸之助正是在创业初期利用不景气进行负债经营，添置设备，在渡过困境后才有了更大的发展。由此可见，耐力是时间上的坚持，能持久挺过最困难的时期正是有耐力的体现。如果我们在工作中遇上了麻烦和阻碍，要勇于坦然面对，尤其是一时半会儿不能解决的问题，一定要作好长时间作战的打算，要有足够的耐心和耐力。耐力需要时间的考验，时间能够消除许多问题。等一等，拖一拖，可能事情就会发生变化。耐力越持久，解决问题的机遇和办法也越多。当然，等和拖不是被动的，在等待中要积极寻找突破口，创造条件去克服困难。从“山重水复疑无路”到“柳暗花明又一村”，这期间需要时间与耐力。

人生启示

没有伟大的意志力，就不可能有雄才大略。无论做什么事都要踏踏实实，一步一个脚印，持续和努力会为你带来意想不到的收获。

★做事认真专注，不抢时间，不求多

不知道你是否发现，那些攀岩成功的人都有个共同特征，那就是他们不会三心二意，不会向下看，他们会一直努力地向上攀登。这样，尽管脚下是万丈悬崖，他们也不会害怕。这就是专注的精神，洛克菲勒也曾说过："做事不抢时间，不求多，稳稳当当地做，就能做许多事情，这有多好！"这句话也就是在告诉我们所有人做事都要做到循序渐进、稳扎稳打。

生活中的年轻人，你应该记住洛克菲勒的话，无论是学习还是其他事情，都不要把注意力过分放在事情的整体上，而应该先拟定一个切实可行的计划，并努力做好第一步，而后再努力做好第二步，第三步……如此各个击破，最终达到自己的目标。

我们都知道。洛克菲勒是历史上著名的人士，世人对他的评价是一位伟大的创业者，他的一生可以说是书写了奇迹，他的商业头脑可以堪称世界之最。然而，洛克菲勒看似一帆风顺的财富之路并非全来源于运气，而是他稳扎稳打、拼搏努力的结果。当然，这与他的成长环境有着莫大的关系。

他是白手起家的。其父缺乏责任心，长年在外以药贩身份流浪，人称"大个子比尔"，是个到处闯荡的木材商、马贩子，也是个走江湖的巫医，兜售所谓"立见奇效，包治百病"的灵丹妙药。此外，他还出卖土地，买卖毛皮，贩盐，推销杂货，几乎是无事不干却又事事干不好的"百事通"，由此导致了家庭生活艰难。母亲伊莱扎肩负起养家糊口的繁重任务，独自抚养五个子女。他的父母，个性截然不同：母亲是个一言一行都皈依《圣经》的虔诚的基督教徒，她勤快、节俭、朴实，家教严格；而父亲却是个讲究实际的花花公子，他自信、好冒险，善交际，任性而又以自我为中心。洛克菲勒作为长子，他从父亲那里学会了讲求实际的经商之道，又从母亲那里学到了精细、节俭、守信用、一丝不苟的长处，这对他日后的成功产生了莫大的影响。

的确，洛克菲勒的成功绝非偶然，他曾告诉自己的儿子一定要做到循序渐进、踏实做事。我们的生活中，也许有这样一些年轻人，他们有着远大的理想，但他们却缺少耐心，经常三天打鱼两天晒网，做不到长时间专注于一件事。事实上，任何目标的达成，都要求我们做到克服浮躁。正像许多人所做的那样，不仅需要耐心的等待，而且必须坚持不懈地奋斗和百折不挠地拼搏，就像在滑铁卢击败拿破仑的惠灵顿将军那样。切实可行的目标一旦确立，就必须迅速付诸实施，并且不可发生丝毫动摇。

伊格诺蒂乌斯·劳拉有一句名言：“一次做好一件事情的人比同时涉猎多个领域的人要好得多。”在太多的领域内都付出努力，我们就难免会分散精力，阻碍进步，最终导致一无所成。

著名作家埃里克说：“当我放弃我的工作而打算写一本25万字的书时，我从不让我过多地考虑整个写作计划涉及的繁重劳动和巨大牺牲。我想的只是下一段，不是下一页，更不是下一章去如何写。整整6个月，我除了一段一段地开始外，我没有想过其他方法。结果，书写成了。”

是啊，达到任何目标都需要一步一个脚印，循序渐进。

我们再来看下面一个寓言故事：

这天，一只老马带领一群小马去电影院看电影。

“现在，只有十分钟就到电影院了。”

又走了二十分钟，这些小马在河边停了下来。奇怪得很，小马们虽然走了近一个小时，却并不觉得怎么疲惫。

老马给它们解释不疲惫的原因。

“今天所走的路，你可以常常记在心里。这是生活艺术的一个教训。你与你的目标无论有多遥远的距离，都不要担心。把你的精神集中在十分钟内的距离，别让那遥远的未来令你烦闷。”

将“精神集中在十分钟内的距离”，多么睿智的解释。然而这也是很多年轻人目前最缺乏的。他们往往将目标着眼于大处，却常常忽略了小的问题。一座建筑是由一砖一瓦砌成的，每一砖一瓦本身虽然显得并不怎么重要，但是缺少了它们，高楼如何建起？同样的道理，成功者的一生都是由无数个看上去微不足道的小方面构成的。

总之，年轻人，你要记住，在对有价值目标的追求中，专注会激发你充沛的精力，能帮助你完成单调乏味的工作，忍受其中琐碎而又枯燥的细节，从而使你顺利通过人生的每一驿站。

人生启示

成功者之所以成功，就是因为在专注的过程中，经过了沮丧和危险的磨炼，才造就了天才。在每一种追求中，作为成功之保证的与其说是卓越的才能，不如说是追求的目标。目标不仅使人产生了实现它的能力，而且产生了充满活力、不屈不挠为之奋斗的意志。

★积累的知识越多，成功的希望就越大

石油大王洛克菲勒曾说过一句话：“积累的知识越多，成功的希望就越大。”他还曾说：“没有知识的人终无大用。”的确，任何人的一生，如果不获取知识，他的灵魂就是浅薄的，他的眼光就是短浅的。人们常说“知识改变命运”，现代社会，任何人，都应该积极地汲取各种知识，只有这样，才能不断丰富自己的头脑。同样，每个年轻人，你的人生才刚刚开始，若想获得一个成功的人生，就要积累基础知识，全身心投入你现在的生活和学习中。未来靠的是现在，现在做什么，怎样做，要达到什么目标，才能决定未来是怎样。因此，你要记住，不要急功近利，努力、认真过好每一天，明日自然就会来到；如此持之以恒，五年、十年过去时就会

结出硕果。

洛克菲勒一直崇尚知识，相信知识的力量，同时他也是个善于虚心请教的人。洛克菲勒在给儿子的信件中说："受自尊心、荣誉感的支配，很多有知识的人对'不懂'总是难以启齿，好像向别人请教，表示自己不懂，是见不得人的事，甚至把无知当罪恶。这是自作聪明，这种人永远都不会理解那句伟大的格言——每一次说'不懂'的机会，都会成为我们人生的转折点。"

我们熟悉的玛丽·居里夫人的丈夫比埃尔·居里同样是年轻人的榜样，他的经历同样告诉生活中的我们，充满热情地学习，会给你带来无穷的力量。

比埃尔·居里于1859年5月15日生于巴黎一个医生家庭。他在童年和少年时期，并没有显示出与众不同的聪慧。那时候的他爱好一个人沉思，不易改变思路，沉默寡言，反应缓慢，不适应普通学校的灌注式知识训练，不能跟班学习，人们都说他心灵迟钝，所以他从小没有进过小学和中学。

为此，父亲常带他到乡间采集动、植、矿物标本，培养了他对自然的浓厚兴趣，让他学到了如何观察事物和如何解释它们的初步方法。居里14岁时，父母为他请了一位数理教师，他的数理进步极快，16岁便考得了理学学士学位；进入巴黎大学后两年，又取得物理学硕士学位。1880年，他21岁时，和他哥哥雅克·居里一起研究晶体的特性，发现了晶体的压电效应。1891年，他研究物质的磁性与温度的关系，建立了居里定律：顺磁质的磁化系数与绝对温度成反比。他在科学研究中，还自己创造和改进了许多新仪器，如压电水晶秤、居里天平、居里静电计等。1895年7月25日比埃尔·居里与玛丽·居里结婚。

一个人爱好学习，勤奋读书，就会学有所获。比埃尔·居里的成功让我们明白，任何人，只要具备了学习的热情，无论外在条件多么艰苦，他们都能汲取到知识带来的营养。

任何一个意气风发的年轻人，对于自己的未来，都满怀信心，并树立了远大的理想，理想能指导行动，让你的努力有一个明晰的主线。但对于未来的憧憬，你必须落实到今天的努力中。如果你每天都在展望自己的未来而不踏实工作、生活的话，那么，只能让心智涣散，只会陷入人生的陷阱。

要积累知识，你需要做到：

1.多主动请教他人，看到自己的不足

一个人取得成就后，容易自满，看不到自己需要改进之处，那么，你可以主动请教他人，让他人从旁观者的角度帮你指出来。一般情况下，对方都乐于向你传授经验和教训的。

2.积累知识的同时，切实提高自己各方面能力

你在拓展知识视野的同时，还应该培养自己各种抗挫折的能力、经验等。具有较完善的人格，这对于提高自己的自理能力、交往能力、学习能力和应变能力都会有很大的帮助，也有助于为你独自战胜困难提供勇气和方法。

3.勇于创新

我们都知道，只有进步才能获得更强的竞争力，而没有创新就不可能进步。因此，你应该将自己的求知欲望和求知兴趣激发出来，鼓励自己多动脑、动手、动眼、动口，使自己善于发现问题，提出问题，并尝试用自己的思路去解决问题。

人生启示

如果你能够坚持，真正地静下心来，认真地去学习，你能做的会比现在好很多。只有拭去心灵深处的浮躁，才能找到幸福和快乐。那么，幸福和快乐在哪里？幸福和快乐其实就在我们每个人的心里。只要你愿意，你随时都可以拥有。在很多时候，我们都亟须在心中添把火，以燃起某些希望。

★倘若不是计划成功，就是计划失败

石油大王洛克菲勒曾告诉我们：“一个人不是在计划成功，就是在计划失败。”这句话的含义是，人生有了明确的目标，那么一切就会事半功倍，得到预料之中或预料之外的喜悦收获。的确，人只有树立了目标，内心的力量和头脑的智慧才会找到方向。目标是对于所期望成就事业的真正决心。一个人如果没有目标，就只能在人生的旅途上徘徊，永远到不了任何地方。正如空气对于生命一样，目标对于成功也有绝对的必要。如果没有空气，人就不能生存；如果没有目标，没有任何人能成功。

可能一些年轻人认为自己年纪尚轻，励志为时尚早。而实际上，一个人只有尽早树立目标，才能尽早付诸行动，才能找到努力的方向。因为目标不会凭空实现，不采取具体步骤，就不可能发生任何事情。

洛克菲勒在给儿子的信中还曾说过：“不要作小计划，因为它不能激励心灵，我经常这样提醒自己。”西班牙小说家塞万提斯也曾经说过：“目标越高，志向就越可贵。”这句话的含义是，一个人树立什么样的目标，决定了他的志向的高度。的确，当今社会是一个处处充满竞争的社会，一个人要想从竞争者中脱颖而出，就必须要做到有计划、有目标，不打无准备之仗。然而，真正可贵的志向都是建立在远大目标的基础上的。任何一个有理想的年轻人，都要敢于为自己编织梦想，只有树立明确的人生目标，你现下的学习和生活才更有动力。

“在我离开学校、寻找工作的时候，我就为自己设定了一个目标：要到一流的公司去，要成为一流的职员。因为一流的公司会给我一流的历练，塑造我一流的能力，让我长到一流的见识，还会让我赚到一笔丰厚的薪金——那是开创我未来事业的资本，而这一切无疑是我通往成功之路的最坚实的基石。当然，在大公司做事，能让我以大公司的方式思考问题，这点很重要。所以，我仰慕大公司，我要去的是高知名度企业。”

可以说，洛克菲勒是有野心的，对自己的目标和理想也是有胆略和霸气的。“人被创造出来是有目的的，一个人不是在计划成功，就是在计划失败。”洛克菲勒将这句话作为自己一生的心得，可见目标对于一个人的重要性。而且，如果你要选择目标，就一定要给自己一个长远的、宏大的目标，然后，不要去想自己会无法实现它，而是要想如何竭尽全力去完成它。

当然，在树立远大的目标后，还需要我们做到以下几点：

1.努力学习

努力学习，这是实现目标的唯一途径。只有不断努力，我们才能检验出自己的创造性，才能锻炼自己，造就自己。因此，年轻人们，你只有从现在起，树立一个远大、明确的目标并为之努力、奋斗，你才会认识到体内所蕴藏的巨大能力，才能最终实现自己的理想。

2.不惧失败的勇气

不惧失败，同样体现着一个人的胆识和魄力。如何在失败面前抬起高昂的头，如何使自己屡败屡战，这是一个人走向成功必须面临的考验。这种考验不是口头上的呐喊与坚持，而是要付出汗水甚至鲜血的。洛克菲勒说，面对失败的时候，最可怕的是精神的破产。如果一个人在失败面前首先丧失了前进的信念，那么留给他的就只有彻底的失败。而如果他不服输，不放弃，那么失败便只是成功之前的“一万种行不通的方法”之一。

3.敢于竞争

要知道，想要通往成功的人，绝不仅仅你一个。很多情况下，成功的奖杯只有一个，而想要摘取它的却有千万人。于是，你只有依靠竞争，才能击败对手，获取胜利。那么，对于一个高超的竞争者来说，必须具备的能力有哪些呢？首先，要有内在的实力，“用实力让对手恐惧”，这是能够最终取胜的关键所在。其次，还需要依靠竞争的技巧和手段。运用恰当的竞争技巧，可以事半功倍，巧妙解除来自竞争对手的威胁。

人生启示

有理想、有追求、有上进心的人，都有一个明确的奋斗目标，他懂得自己活着是为了什么。因而他的所有的努力，从整体上来说都能围绕一个比较长远的目标进行，他知道自己怎样做是正确的、有用的，否则就是做了无用功，或者浪费了时间和生命。显然，成功者总是那些有目标的人，鲜花和荣誉从来不会降临到那些没有目标的人的头上。

★杜绝借口，不给失败任何机会

人生在世，每个人都必须具备责任感，这不仅是对他人负责，也是对自己负责。而借口与托词，则是责任的天敌。每一个成熟的人，都要有责任心。洛克菲勒也曾说：“借口是制造失败的根源。”任何一个年轻人，都要学会毫无借口地行事。现实生活中，缺乏责任感的年轻人并不少见。他们在做一件事情不成功或者被批评的时候，总是会找种种的借口告诉别人，为什么他没有做到，为什么他不做，为什么他不能做，为什么他不是那样的。失败者为自己料理“后事”的第一个举动，就是为自己的失败找出各种理由，因为他害怕承担错误，害怕被别人笑，或者只是想得到暂时的轻松和自我解脱。这样的你又怎么能真正获得成功呢？

“我鄙视那些善找借口的人，因为那是懦弱者的行为；我也同情那些善找借口的人，因为借口是制造失败的病源。”这是洛克菲勒写给他的儿子小约翰信中的话。“我相信才智平平的人，如果有乐观、积极与合作的处世态度，将会比一个才智杰出却悲观、消极也不合作的人，能赚得更多的金钱，赢得更多的尊敬，并获致更大的成功。一个人不论他面对的是烦琐的小事、艰巨的任务还是重要的计划，只要他执着热忱地去完成，成果会远胜于聪颖但是懒散的人。因为，专注与执着是一个人能力的95%。”

事实上，洛克菲勒本人就是个从不找借口的人，他的字典里只有成功，不允许自己失败。同样，生活中的年轻人，在工作中，你总会遇到一些困难，并且，有时候这些困难是客观存在并不以人的意志为转移的，但是你可以通过自身的努力来克服它。你并不能等所有的外部条件都完善了再开始着手做事，你能做的唯有立刻行动，不找任何借口。我们再来看下面一个真实的故事：

1952年，堪萨斯州托皮卡的奥利弗·布朗夫妇提起诉讼，要求托皮卡教育委员会允许他们的孩子在专为白人开办的学校上学。一审判决原告败诉。1954年，原告布朗以同样的理由，上诉到联邦最高法院，同时，一组分别来自堪萨斯、南卡罗来纳、弗吉尼亚和特拉华四州的关于中小学种族隔离教育的案件也上诉到联邦最高法院。联邦最高法院合并审理了包括布朗诉托皮卡教育委员会案在内的六个案件，并作出原告胜诉的最终判决：在公立学校中实行种族隔离是不平等的，是违反宪法的；公立学校应实行黑白人合校。

布朗案的顺利执结，使美国黑人学生与白人学生取得了同等的受教育权，它为后来几十年美国在种族平等问题上取得实质性的进展奠定了基础，推动了社会的进步，在司法推动人权发展的宪政史上写下了重要一页。同时，美国调动军队协助法院执行的做法也得到人们的一致称赞和推崇，在世界司法执行史上留下了浓墨重彩的一笔。

这次美国历史上带有划时代意义的执法事件，给我们每个人都上了一课：无论做什么，一旦决定做，就要做好，不找任何借口，这才是勇者的表现。

总之，年轻的朋友们，要做个成功的人，就必须要有成功的心态：不为自己找任何借口退缩，而是勇敢向前。具体来说，你需要记住：

1.摆正态度，把责任心放在第一位

的确，没有人愿意主动失败或者出错，这也是很多人的借口。但一个对待工作不小心不认真的人又怎么能够把工作完成得圆满出色呢？也就是说，不管你做什么事，摆正态度，才能减少失败出现的可能。

2.不要试图让别人为你承担失职的责任

有些不负责任的年轻人在事情出现问题时，首先考虑的不是自身的原因，而是把问题归罪于外界或者他人。这样的做法，不仅会让你养成推脱责任、而不是积极寻找解决问题的方法的习惯，还会影响你的人际关系。

总之，找借口永远是弱者的象征，借口也是弱者的第一武器。因此，当你发现自己正在寻找借口时，应赶紧控制自己，悬崖勒马，将你的精力转到如何才能最好最快改变局势、解决困难上！

人生启示

如果你有找借口的习惯，那么，请彻底把借口从你人生的字典中永远剔除，不要再做只想“如果”的人，而是要做一名只想“如何”的人。“如果”和“如何”虽只是一字之差，却代表了两种迥然不同的态度：“如果”只会让你推脱责任，逃避困难；而“如何”是一种积极的思维方式，它会从失败中找根源，会积极寻找更有效的办法和措施来解决问题。

★只有持续不断的胜利，能让你终成强者

有这样一句名言：“我不喜欢取得一时的胜利，我要的是持续不断的胜利，只有这样我才能变成强者。”说这句话的正是石油大王洛克菲勒。这句话的含义是，无论做什么事都不能骄傲自满，只有持续不断地努力，才能不断变得强大。同样，对于那些初入社会的年轻人来说，这也是一条丰盈自己翅膀的职场法则。

“当我从事的石油事业蒸蒸日上时，我晚上睡前总会拍拍自己的额角说：如今你的成就还是微乎其微，以后路途仍多险阻，若稍一失足，就会前功尽弃，勿让自满的意念侵吞你的脑袋，当心！当心！”多么谦虚的心态！洛克菲勒不仅自己是这样做的，在对子女的教育上，他也坚持这样的观点。在给儿子的38封信中，洛克菲勒曾对小约翰说：“有很多悲剧都因偏执和骄傲而引发，制造贫穷的人也是一样。”“骄傲总在毁灭与失败之前出现。”

上帝阻挡骄傲的人，赐恩给谦逊的人。年轻人，如果你也是一个爱骄傲的人，就要从现在开始审视自己，改变自己，做一个谦逊的人，一个能够忍耐喜悦冲动，不断奋发向上的人。

古时候，有一个在佛学上很有造诣的人，一天，他听说在某个古刹里住着一位德高望重的老禅师，便想去拜访一下。

刚开始，老禅师的徒弟接待了他，他一看不是老禅师本人，便心生不悦，心想：我在佛学上的造诣很深，找一个下人来接见我，未免也太不像话了。后来，老禅师出来了，便为他沏茶。可在倒水时，明明杯子已经满了，老禅师还不停地倒。他不解地问："大师，已经满了，你为什么还一直倒水？"大师说："是啊，既然已满了，干嘛还倒呢？"禅师的意思是，既然你已经很有学问了，干嘛还要到我这里来求教？

老禅师要告诉我们的道理是，一个人只有真的做到不断清洗自己的大脑和心灵，把外在和内在的过时的东西、心灵的杂草、大脑的垃圾等，通通一洗了之，然后以谦逊的心态去弥补自己的不足，才会真正有所收获。

初入职场的年轻人，保持谦逊的学习态度，不仅是积累工作和人生经验的重要方法，更会帮你赢得良好的职场人际关系。

然而，我们不得不承认的是，人都是有自满情绪的，尤其是当自己取得了一定的成绩后，心态便会变得不一样，甚至在穿着打扮上也会变化很多，说话、动作都会狂妄起来，并急于把自己的成绩告诉别人，生怕别人不知道。他满以为，这样，周围的人就会对他刮目相看；而对于周围人的吹捧，他也很受用。但是，只要有这种感觉，人的意志就会消沉，就会骄傲自满，人的精神就会沉浸于那种享受中，不会再努力地学习和工作，也就停止了进步。

为此，要克服自负，你需要做到：

1.要有自知之“明”

人们常说“人贵有自知之明”，这个“明”，既表现为如实看到自己的长处，也表现为如实分析自己的短处。如果只看到自己的短处，似乎是谦虚，实际上是自卑心理在作怪；而如果只看得到自己的长处，那么，你就是自大。“尺有所短，寸有所长”，每个人都有自己的优势和长处，如果我们能客观地估价自己，在找出自己的长处和优势的同时，也能看到自己的缺点和短处，那么，便能很好地弥补自己的不足。

2.兼听则明

那些谦卑、成功的人一般都善于倾听各方面的意见，从而进行周密的思考，并能归纳出哪些事物可行、哪些事物不可行的一套完全属于自己的见解。在思考问题的过程中，他会考虑到“得失利弊”，会考虑到“差之毫厘、失之千里”，“真理若往前再跨越一步就是谬误”等这些细微的甚或为一般人所考虑不到的问题。他们的最大特点就是善于倾听各方面的意见和建议，敢于坚持真理。

人生启示

初入职场的年轻人，无论你曾经的成绩如何，你都要明白，无论是人生还是工作经验，你需要学习的知识还有许多，取得一定成绩的你不妨多请教他人，这样，他人能帮助你看到自己的不足。

第4章

信念篇——信念具有无坚不摧的力量

信念是一种无坚不摧的力量，当你坚信自己能成功时，你必能成功。许多人一事无成，就是因为他们低估了自己的能力，妄自菲薄，以至于缩小了自己的成就。信心能使人产生勇气，成功的契机，是建立自己的信心和勇气，以信心克服所有的障碍。

★我的信念是抢占时机，永远比别人早一步

当今社会，市场竞争异常激烈，市场风云瞬息万变，市场信息流的传播速度大大加快。可以说，谁能抢先一步获得信息、抢先一步作出调整以应对市场变化，谁就能捷足先登，独占商机。这如同洛克菲勒所说："我的信念是抢在别人之前达到目的。"因此，作为新时代的年轻人，你一定要明白，这是一个"快者为王"的时代，速度已成为一个人生存乃至发展的基本法则。

洛克菲勒先生曾讲过一个抢占石油市场的经历：

在洛克菲勒进军石油界的第三年，炼油商们在宾州布拉德福德又发现了一个新油田，于是，负责标准石油公司输油管业务的丹尼尔·奥戴先生便迅速带领他的团队扑向了那个财富之地。

开采石油的那些人已经疯狂了，他们不分昼夜地开采，希望可以带着大把大把的钞票从此离开。也就是说，奥戴先生的管道和工人根本不够用。

此时，洛克菲勒站出来，对奥戴先生提出了建议，希望他能警告那些采油商，因为他们的开采量和开采速度已经远远超过了他们的运输能

力，这样减慢开采速度，才不会导致这些黑金变成一文不值的粪土。然而，无论洛克菲勒怎么苦口婆心地劝说，傲慢和争强好胜的奥戴就是不为所动。

就在此时，洛克菲勒的竞争对手波茨动手了，他先在几个重要的炼油基地收购洛克菲勒的炼油厂，接着，又开始在布拉德福德抢占地盘，铺设输油管道，要将布拉德福德的原油运到自己的炼油厂。

洛克菲勒意识到自己再不出手就晚了，于是，这一天，他来到宾州铁路公司大老版斯科特先生的家里，并直言不讳地把事情的利害告诉了他。但这位斯科特先生也是个固执的家伙，他对波茨的行为表示置之不理。无奈，洛克菲勒决定亲自向自己的这个敌人宣战。

首先，洛克菲勒解除了与宾州铁路的所有业务往来，而将自己的运输业务转给了另外两家支持他的铁路公司。在削弱他们力量的同时，他还终止了与宾铁的全部业务往来，指示部属将运输业务转给一直坚定地支持他们的依赖于帝国公司运输的在匹兹堡的所有炼油厂；随后指示所有处于与帝国公司竞争的己方炼油厂，以远远低于对方的价格出售成品油。

在这样的措施下，斯科特不得不臣服，尽管他很不情愿。

洛克菲勒的措施自然会引发对方的反击，为了打击洛克菲勒，他们把业务转手给洛克菲勒的竞争对手，并且，他们还倒贴给对方很多钱。无奈之下，他们只好裁员、削减公司，这引发了工人们的极大不满。最终，这些愤怒的工人们一把火烧了几百辆油罐车和一百多辆机车，逼得他们只得向华尔街银行家们紧急贷款。

就这样，这一年，他们不但没有挣钱，反倒损失惨重。

洛克菲勒的竞争对手波茨先生是个很有魄力的军人，他不愿意妥协，但是，他也是个识时务的人。最终，他决定不再与洛克菲勒决斗，而选择了讲和，停止了炼油业务。几年后，他还成为了洛克菲勒属下一家公司积极勤奋的董事。这个精明又滑得像油一样的油商！

洛克菲勒曾直言不讳地说：“成功驯服这些傲慢的犟驴，我的心都在跳舞。”而他之所以能做到这点，就是因为他先人一步的魄力，绝不让主动权流落在对手手里。同样，现代社会，几乎所有人都使出浑身解数抓住机遇，因为时机稍纵即逝，速度就成为了获胜的关键因素之一。每一个年轻人都应该将自己训练成为一个果断的人，要做到这点，你就必须解放思想，具备超前的观念和敏锐的眼光；看准的事，应该雷厉风行、马上就干，不能患得患失、等待观望，更不能纸上谈兵、只说不干。

人生启示

坐视对手，哪怕是放任潜在的对手的实力增强，都是在削弱自己的力量，甚至会颠覆自己的地位。我的信念是抢在别人之前达到目的。我们任何人都喜欢胜利，但绝不能为了获得胜利而不择手段。不计代价获得的胜利不是胜利，丑恶的竞争手段让人厌恶，那等于是画地为牢，可能永远无法让人超越，即使赢得一场胜利，也可能失去以后再获胜的机会。

★对我来说，第二名就是最后一名

我们都知道，当今社会，人与人之间的竞争越发激烈，每个要步入社会的年轻人都必须要具备竞争意识。而如果我们想提升竞争力，在竞争中脱颖而出并走向成功的话，还必须具备一个前提条件，那就是志向和“野心”，这是我们不断努力、不断进取的动力。石油大王洛克菲勒曾经说过一句话：“对我来说，第二名跟最后一名没有什么两样。”

每一个年轻人，你若想获得成功、取得一番成就的话，都必须记住洛克菲勒的这句话，因为财富与目标成正比。洛克菲勒先生从来都不是个缺乏野心的人，从他很小的时候，他就希望自己能成为最富有的人。同时，他在教育子女时，也鼓励他们能树立起这样的野心。

在洛克菲勒先生给儿子的38封信中，他提到了福特公司的创始人亨利·福特先生，“在我看来，福特先生是一个新时代的缔造者，没有任何一个美国人能像他那样，完全改变了美国人的生活方式。看看大街上往来穿梭的汽车，你就知道我绝非在恭维他，他使汽车由奢侈品变为了几乎人人都能买得起的必需品。而他创造的奇迹也把他变成了亿万富翁。当然，他也让我的钱袋鼓起了很多。”

的确，能使得我们的一生变得有价值的就是目标，目标就像我们大海中的航标一样，失去了它，我们便始终漂泊不定，只会到达失望、失败与丧气的海滩。福特先生的成就，也证明了洛克菲勒的一个人生信条：财富与目标成正比。只有你目标高远，你才有可能坐拥人人羡慕的财富，否则，你只能做一天和尚撞一天钟、得过且过，成为碌碌无为者。

当然，除了福特和洛克菲勒外，任何一个成功者，在他们还是“士兵”的时候，都有着当“将军”的野心，其中就包括微软总裁比尔·盖茨。比尔·盖茨的格言是：“我应为王。”即使是屈居第二，对他来说，也是不可忍受的。他曾经对他童年要好的朋友说：“与其做一株绿洲中的小草，还不如做一棵秃丘中的橡树，因为小草任人践踏，而橡树昂首天穹。”

在学习上，盖茨一直是出色者。在读中学时，他的数学成绩是最好的。即便是后来上了哈佛，他在数学成绩也一直是佼佼者。有人断言，如果后来，盖茨能在数学上继续发展，他也会成为一名优秀的数学家。可是，他不甘人后，当他发现还有几个同学在数学方面比他更胜一筹时，他便放弃了专攻数学的打算。因为他有一个信条：在一切事情上，不屈居第二。他的同学回忆说："比尔不管做什么事情都要弄它个登峰造极，不到极致绝不甘心。"

这种要成为杰出者的欲望，在盖茨小时候就已经表现出来了。他的同学曾回忆说："任何事情，不管是演奏乐器还是写文章，除非不做，否则他都会倾其全力、花上所有的时间来完成。"

盖茨读四年级时，老师给他布置了一道作业，要学生写一篇四五页长的关于人体特殊作用的文章，结果，盖茨一口气写了30多页。又有一次，老师叫全班同学写一篇不超过20页的短故事，而盖茨却写了100多页。

可见，盖茨之所以能成为软件霸主，聪明并不是第一位的，他不愿屈居第二的志气才是真正成功的动力。

为什么在现实中有些人受人敬重，有些人却被人看不起甚至被人踩在脚下？因为前者有力争第一的心态，凡事努力；而后者，他们得过且过，即使掉在队伍后面，也不奋起直追，这就注定了这类人无法成就大事。力争第一，是一种积极向上的心态，它为所有人创造了一种前进的动力。在很多时候，成功的主要障碍，不是能力的大小，而是我们缺乏正确积极的心态。

总之，新时代的年轻人们，如果你希望自己能够得到重用，如果你希望自己成为一个成功的人，如果你不甘于平庸，就一定要从内心决定做第一。这样在你的意识中你就会有信心做到完美，你的个性也才会真正成熟起来。相反，不想做得更好，就会做得更差。如果你自甘沉沦，不追求卓越，懒得提高自己的能力，那么，你是不会有所进步的。

人生启示

上帝赋予我们聪明的头脑和坚强的肌肉，不是让我们成为失败者，而是让我们成为伟大的赢家。因为成功者永远有超出众人之外的、敢于争第一的心态。力争第一，如同成功道路上的一盏明灯，指引人们永远向着光明的前方奋进。

★我不迎接竞争，我打败竞争者

竞争，在字典里是这样解释的：为了自己的利益而跟别人争胜。良性竞争是发展自己、提高自己的动力，所以，倡导良性竞争是很有必要的，尤其在当今竞争如此激烈的社会里，只有学会竞争，才能更好地适应社会。洛克菲勒说："我不迎接竞争，我打败竞争者。"任何一个年轻人，都要记住洛克菲勒的这句话，要知道，不愿意做将军的士兵就不是好士兵。你必须从小就培养自己的竞争意识，除此之外，你还要有竞争的勇气和实力，只有这样，你才能真正在竞争中获胜。

洛克菲勒先生曾经在他的自传里提过他昔日的劲敌——本森先生。当本森先生去世时，他比谁都难过。生前，本森先生曾以玩笑的形式评价洛克菲勒："洛克菲勒先生，您是一个毫不手软而又完美的掠夺者。输给那些坏蛋，会让我非常难过，因为那就像遭遇了抢劫；但与您这种循规蹈矩的人交手，不管输赢，都会让人感到快乐。"当时洛克菲勒的回答是："本森先生，如果你能把掠夺者换成征服者，我想我会乐意接受的。"

从本森的话中，我们能听出来，洛克菲勒是有原则的征服者，"一个优秀的指挥官，不会攻打与他无关的碉堡，而是要全力摧毁那个足以攻陷全城的碉堡。”这就是他的原则，他的“循规蹈矩”，让他彻底征服了那些竞争对手。

洛克菲勒曾明确表示，竞争中，如果有谁在背后搞鬼而没有被发现，那么即使他能获得暂时性的竞争优势，他也是不道德的、邪恶的，这种行为会使他失去别人的尊重，最终也会被昭告天下，甚至有可能要承担法律的责任。那么，他也将会永远失去竞争的机会。

他强调，在商业竞争中一定要讲究规矩，因为规矩可以创造关系，关系会带来长久的业务，好的交易会创造更多的交易，反之，我们将提前结束我们的好运。

生活中的年轻人，你也要以洛克菲勒为榜样，即使赢，也要赢得漂亮，赢得光明，赢得体面。当然，竞争中的胜利者都是有实力的。在投身竞争前，你最需要要做的就是努力积累实力。拐杖不能取代强健有力的双脚，我们要靠自己的双脚站起来。即便你的脚不够强壮，不能支持你，你也不能放弃和认输，而是应该努力去磨炼、强化、发展双脚，让它们发挥力量。很多年轻人羡慕的篮球明星姚明就是这样做的：

姚明很小的时候，就对篮球表现出了疯狂的热衷。4岁的他获得了人生的第一个篮球。由于从小受到的家庭熏陶，他对篮球的悟性，逐渐显露出来。9岁那年，姚明在上海徐汇区少年体校开始接受业余训练。5年后，他进入上海青年队；17岁入选国家青年队；18岁穿上了中国队队服。18岁那年，他进入了中国男篮，并且，他的表现也进一步成熟起来。

2000年奥运会上，姚明平均每场拿下10.5分和球队最高的6个篮板、2.2次盖帽，他平均每场63.9%的投篮命中率也无人能比。

在2001年的亚洲篮球锦标赛上，姚明每场贡献13.4分、10.1个篮板和

2.8次盖帽，投篮命中率高达72.4%，帮助中国国家队夺得了冠军。

在美国当地时间2002年6月26日的选秀大会上，休斯敦火箭队顺利挑到了中国的中锋姚明，他也成为联盟历史上第一个在首轮第一位被选中的外国球员。被选中的中国小巨人也成为联盟历史上最高而且是第二重的状元秀。在姚明加盟休斯敦火箭队之后，他成为了继王治郅和巴特尔之后第三位登陆NBA的中国球员。

在NBA的第一个赛季中，姚明就表现得非常出色，入选了NBA全明星首发阵容，成为了第一个获此殊荣的亚洲球员。

姚明之所以在体坛能有如此成就，之所以能众望所归，是实力致之，因为有实力的人不怕竞争，这在姚明身上更是一个最好的显现。

然而，我们不难发现的是，生活中不乏那些在蜜罐里泡大的年轻人，他们没有竞争意识，从小不注重能力和实力的培养，经不起风吹雨打，自然也见不到美丽的彩虹！于是，出现了很多的“啃老族”，所谓的“啃老族”就是孩子到了成年了还在吃父母的、靠父母。物竞天择，适者生存，当今社会是一个处处充满竞争的社会，一个年轻人若想真正成才、成功，除了血气方刚、敢想敢做以外，还要用知识武装自己的头脑，这才能在失败中总结教训，在成功中积累经验，从而在未来激烈的社会竞争中脱颖而出！

人生启示

一个人要想在竞争中取得胜利，要注意几点：第一，要有竞争意识；第二，有强有力的竞争实力；第三，要讲规矩，不能违背良心和原则，即使输了，唯一该做的就是光明磊落地去输；第四，要保持警觉，当你不断地看到对手想削弱你的时候，那就是竞争的开始。

★越是自信，就越是能获得成功

洛克菲勒曾经说过一句话："越是认为你行，你就会变得越高明，积极的心态会创造成功。"这句话强调的是信念的力量。但任何梦想和信念，只有在屹立不倒的情况下，才会产生作用，才会指引我们走向胜利，这就是必胜的信念。现代社会，很多年轻人没有经历过社会的洗礼和锤炼，从小无忧无虑，对于失败和成功并没有多少概念。但从现在起，你必须认识到信念的力量，只有这样，才能在未来的生活、工作中，即使遇到挫折，也懂得在陷入困境时，与其苦苦等待，不如点燃自己手中仅有的信念的"火种"，去战胜黑暗，摆脱困境，给自己带来光明。

当然，任何信念，如果单纯停留在不鲜明的想象上，是没有任何意义的，我们应该把这种抽象的意向浓缩为现实的行动。如若不进行深思、不认真开展活动，那么创造性的工作及其成功的人生也是没有把握的。

的确，初入社会的年轻人，你们有时候也是软弱的，可能你们一件事情还没做，便去考虑失败后的结果，这样，必然会导致内在潜能得不到充分的调动与发挥。要避免与摆脱这种心理上的失衡，就必须时时表现出一种强者的风范，敢于面对困难与挫折，并始终怀着必胜的信念去克服、战胜困难，坚定不移地朝着成功的目标迈进。因而可以说，有意识地培养自己的"强者"意识，是度过心理危机的良方。

然而，可能也有一些年轻人，一直以来，他们都是在父母的呵护甚至是溺爱下长大的，对失败和挫折的承受力有限。有时候，一次生活上的挫折或事业上的失利，就使得他们一蹶不振甚至想放弃信念和理想，他们看到的是最终失败的结局而不是成功。在这种错误观念的支配下，又怎么能过五关斩六将、最终赢得胜利呢？

任何有理想和梦想的年轻人，只有具备必胜的信念并付诸行动，我们那蕴藏着的潜能才能被挖掘出来。生活中的年轻人，你也要把洛克菲勒当成自己的学习榜样，和他一样，始终燃烧着求知的心。从现在起，开始发掘自己的潜能并为之努力吧，无论别人对你的评价如何，无论你面前有多大阻力，只要相信自己，相信你自己的潜能，并作出积极不懈的努力，你就会有所成就。

总之，信念是一种无坚不摧的力量，当你坚信自己能成功时，你必能成功。许多人一事无成，就是因为他们低估了自己的能力，妄自菲薄，以至于缩小了自己的成就。信念能使人产生勇气，成功的契机，是建立自己的信心和勇气。

人生启示

每个年轻人，都应该从洛克菲勒的成功中感受到信念的力量，那么，从现在起，开始为你的信念奋斗吧。

首先，假想你现阶段的目标已经实现，以此获取良好的心理状态，这样，反过来，当你在追逐目标的过程中，即使遇到了各种困难，也会因为自我造就的心理成就感而促使你朝着成功的目标迈进。

其次，要给自己打气，确信自己的信念。任何时候，都要自己给自己打气，确信自己的看法。心中默念：我想可以，我可以坚信能做好。那么，你就能一直以良好的状态达到目标的。这其中的过程，一直需要有必胜的信念在引领着你前进。

★我自己就是最大的资本

洛克菲勒曾经说过这样一句话："我就是我最大的资本！我唯一的信念就是相信自己！"这句话的含义是，人生在世，只要你相信自己，有坚定的成功的愿望，就能勇敢地去面对、克服困难，战胜今天、明天残酷的现实，就能最终获得成功。

生活中的年轻人，他们都有个关于未来的构想，希望自己能够出人头地，成为社会上的有用之人。但随着物质生活条件的改善，我们发现，很多年轻人被父母长辈过度地呵护，反而形成了自卑、封闭、孤独的心境，甚至面对生活时，缺乏应对挑战的信心和能力。尤其是在遇到失败、挫折以后，面对"恶劣"的环境无精打采，他们以自己是个"不行"的人为理由，选择逃避，说明自己已无能力解决所面对的问题。当然，这种心态产生的原因是多方面的，但作为年轻人自己，你必须要树立信心，多经受生活的历练，方能发现自己非凡的才能。

曾经有个年轻人给洛克菲勒写信，希望获得他的指点：在缺少资本的情况下如何致富？

很明显，这位年轻人的苦恼在于缺少资本。为此，洛克菲勒这样给他回信，"从贫穷通往富裕的道路永远是畅通的，重要的是你要坚信：我就是我最大的资本。你要锻炼信念，不停地探究迟疑的原因，直到信念取代了怀疑。你要知道，你自己不相信的事，你无法达成；信念是带你前进的力量。"

在信中，洛克菲勒还给他讲了一个故事：

很久以前，在波斯，有个叫阿尔·哈菲德的人，他很富有，拥有百亩良田和繁盛的园林，他也是个知足的人，他觉得这些财富已经够他享用一辈子了。

然而，有一天，他的庄园来了一个老僧人，老僧人对他说："你确实富有，日子过得也很安逸，但是如果你拥有很多钻石，那么，你想过那样生活是什么样的吗？你可以买下整个城堡，买下整个国家，让你的子孙成为国王。"

阿尔·哈菲德动摇了，于是，他卖掉农场，收回借款，把房子交给邻居看管，就出发寻找钻石去了。

接下来的一段时间，哈菲德走遍了巴勒斯坦、欧洲，他花光了身上所有的钱，最后，他来到了巴塞罗那海边，变成了一个历经沧桑、痛苦万分的可怜虫，他无法抵抗纵身一跳的诱惑，就随着浪峰跌入大海，终结了一生。

在哈菲德死后不久，他的财产继承人拉着骆驼去花园喝水，结果，就在溪水边，这名继承人发现了一些能发出奇异光芒的石头，他将这些石头拿进房间。

过了一些天，那个告诉哈菲德在哪里能找到钻石的老僧人来拜访哈菲德的继承人，他看到这些石头，惊叹道，"年轻人，你发财了！我认识钻石，这真的是钻石！"

于是，他们一起奔向花园，用手捧起溪底的白沙，发现许多比第一颗更漂亮、更有价值的钻石。

这就是人们发现印度戈尔康达钻石矿的经过。那是人类历史上最大的钻石矿，其价值远远超过南非的金百利。英王皇冠上镶嵌的库伊努尔大钻石，以及那颗镶在俄皇王冠上的世界第一大钻石，都是采自那座钻石矿。

听完洛克菲勒讲的这个故事，我们不免为故事中的主人公阿尔·哈菲德感到叹息，他不远万里去寻找钻石，却不知道钻石就在自己的庄园里。

其实，这个故事背后的意义并不在钻石本身，而是要告诉我们：你的钻石不在遥远的高山与大海之间，如果你决心去挖掘，钻石就在你家中后院。重要的是要真诚地相信自己。

生活中的年轻人，相信你一定有自己的理想，这种理想决定着你努力和判断的方向。但要想将理想化为现实，我们还必须要有必胜的信念，相信自己能做到，并将之付诸实践。曾经有人问康拉得·希尔顿："何时得知自己将会成功？"希尔顿的回答是："当我还潦倒困顿到必须睡在公园的长板凳上时，我已经知道自己以后将会成功。"的确，无论发生什么事，无论处于什么境地，自信者都相信自己一定能成功。

生活中的每一个年轻人，都要有成功的强烈愿望，那么，你就会让他人更容易相信你的能力，因而就会得到更多的锻炼机会，你就更容易成为一个有能力的人。

人生启示

每一个渴望成功的人都应该认识到，成功的种子就撒在他自己身边。只要认识到这一点，他就能获得想要得到的东西。

★在你放弃之前，你都是打不垮的

洛克菲勒说："除非你放弃，否则你就不会被打垮。"的确，一个人能否做成、做好一件事，首先要看他是否有一个好的心态，以及是否能认真、持续地坚持下去。信心大、心态好，办法才多。所以，信心多一分，成功多十分；投入才能收获，付出才能杰出。永远不要被缺点所迷惑。当然，成功卓越的人只有少数，失败平庸的人却很多。成功的人在遭受挫折和危机的时候，仍然是顽强、乐观和充满自信的，而失败者往往退却，甚至是甘于退却。我们应该学会自信，成功的程度取决于信念的程度。

生活中的年轻人，有时候，你可能自信心不够，可能一件事情还没做，便去考虑失败后的结果，这样，必然会导致内在潜能得不到充分的调动与发挥。要避免与摆脱这种心理上的失衡，就必须时时表现出一种强者的风范，敢于面对困难与挫折，并始终怀着必胜的信念去克服、战胜困难，坚定不移地朝着成功的目标迈进。所以有意识地培养自己的“强者”意识，可以说是度过心理危机的良方。

1909年2月12日，也就是林肯一百周年诞辰的日子，洛克菲勒给他的儿子小约翰写了一封信，信中他讲述了林肯的故事：

他出身很卑微，是一个私生子，并且相貌丑陋，言谈举止都不招人喜欢，这些缺点都让敏感的林肯感到很自卑。最终，他决定靠自己的力量改掉这些缺点，于是，他拼命自修以克服早期的知识贫乏和孤陋寡闻。他学会了借助烛光、水光读书，尽管他的视力大不如前，但头脑的越发丰富让他开始充满了自信，他最终摆脱了自卑，并成为有杰出贡献的美国总统。

正如洛克菲勒所说的，每个人都有历尽沧桑和饱受无情打击的时候，却很少有人能像林肯那样百折不回。每次竞选失败过后，林肯都会激励自己：“这不过是滑了一跤而已，并不是死了爬不起来了。”这些话是克服困难的力量，更是林肯终于享有盛名的利器。林肯的一生书写了一个伟大的真理：除非你放弃，否则你就不会被打垮。

可见，我们只有自己摒弃自卑，才会成为强者。生活中的年轻人，我们也一定要记住洛克菲勒的话：世界上没有一样东西可以取代毅力。才干不可以，怀才不遇者比比皆是，一事无成的天才也很普遍；教育也不可以，世上充满了学无所用的人，只有毅力和决心无往不胜。

曾经，一个世界探险队准备攀登马特峰的北峰，在此之前从来没有人到达过那里。记者对这些来自世界各地的探险者进行了采访。

一位记者问其中的一名探险者："你打算登上马特峰的北峰吗？"他回答说："我将尽力而为。"

记者问另一名探险者："你打算登上马特峰的北峰吗？"这名探险者答道："我会全力以赴。"

记者问了第三个探险者同样的问题，他说："我将竭尽全力。"

最后，记者问一位美国青年："你打算登上马特峰的北峰吗？"这个美国青年直视着记者说："我将要登上马特峰的北峰。"

结果，只有一个人登上了北峰，就是那个说"我将要"的美国青年。他想象自己到达了北峰，结果他的确做到了。

的确，信念上超前一些，行动就会领先一步，成功的概率也就越大一些。成功的秘诀就是，当你渴望成功的欲望就像你需要空气的愿望那样强烈的时候，你就会成功。

美国钢铁大王卡内基，少年时代从英格兰移民到美国，当时真的是穷透了。而正是"我一定要成为大富豪"这样的信念，使得他于19世纪末在钢铁行业大显身手，而后涉足铁路、石油，成为了商界巨富。洛克菲勒、摩根也都是满怀欲望，并以欲望为原动力，成为了资本主义初期美国经济的胜利者。

威尔逊也有句名言："要有自信，然后全力以赴！假如具有这种观念，任何事情十之八九都能成功。”的确，在现代社会，任何一个年轻人，要想成就一番大业，单凭单枪匹马的拼杀是不够的，它更需要众多人的支持和合作，正因如此，自信就显得尤为关键。一个人只有首先相信自己，才能说服别人来相信你；如果连自己都不相信自己，那么就意味着你已失去了在这个世界上最可依靠的力量。

人生启示

我们追求成功的过程就像攀登高峰。在攀登的过程中，我们难免会感到疲倦，难免想放弃，但是，你始终要记住的是，再坚持一秒，你才有可能看到山顶的美景。总之，每一个人的内在都有无限的潜能，除非我们知道它在哪里，并坚持挖掘它、运用它，否则它将毫无价值。

★目的是我领导的依据，目的就是一切

自古至今，但凡成功者，无不具备一项品质，那就是拥有不被打倒的意志力。他们从不拖延，但让他们成功的最为重要的原因还有一点，那就是有计划、有目标，不打无准备之仗。相反，那些失败者之所以迟迟不准备，是因为他们不知道自己从哪里着手。一个人看不到前方的路，看不到希望，又怎么能有信心、有决心成功呢？

石油大王洛克菲勒曾直言不讳地承认自己是个目的主义者，他说：“目的是我领导的依据，目的就是一切。”这里的目的，就是他做事的目标。

因此，生活中的年轻人，你一定要记住的是，目的、目标会让我们更有努力的方向。

在洛克菲勒给儿子的第38封信中，他对小约翰说：

“我是一个目的主义者，我不会像某些人那样夸大目的的作用，但我也会重视目的的功能。我相信目的的主导力量，它可以引导我们的行为、思想，激励我们不断朝着目标奋进。这些年的人生经验告诉我，一个人能否成功、能否实现自己年少时的梦想，是与他的目的的本质与力量息息相关的。

“目的是我领导的依据，目的就是一切。生活中，无论我做什么事，我都会先确定自己的目的：无论是开会，还是谈判，甚至是每天来公司前，我都会作好万全的准备。因此，在我的心里，做什么事都是有计划性的，也很少有失误。

“我们要么确定自己的目的，要么就会被不断变化的事态所控制，结果很可能会让你失去掌控全局的能力，同时你也将受制于使你分心或搅乱你的人或事。这就像一艘船一样，一旦失去了航标，它就会随波逐流；它只能任凭海浪的拍打，被海水侵袭而最终葬身大海。

“公开你的目的，更能避免无益的推论。目的就如同钻石：如果要它有价值，它必须是真实的。不诚恳的目的表白只会坏事。如果一个人滥用目的的力量，他只会破坏人们彼此间的信任，并失去别人的信赖，这就是表达目的的风险。”

正如洛克菲勒所说，人生不能没有目的，如果没有目的，你就会像一只黑夜中找不到灯塔的航船，会在茫茫大海中迷失了方向，只能随波逐流，达不到岸边，甚至会触礁而毁。而在做任何一件事前，我们也都必须确定好目的、作好计划，计划是为实现目标而需要采取的方法、策略。只有目的，没有计划，往往会顾此失彼，或多费精力和时间。我们只有树立明确的目标，制订出详尽的计划，才能投入实际的行动，才能收获成就感和满足感。

因此，在追逐成功的过程中，我们一定要知道奋斗的方向，也就是说，在下定破釜沉舟的决心前，我们还要有缜密的思维和计划。机遇总是会留给那些有准备的人。

那么，我们该如何确定自己的目的呢？

洛克菲勒的忠告：

1.制订完善的计划和标准

要想把事情做到最好，你心中必须有一个很高的标准，而不能是一般的标准。在决定事情之前，要进行周密的调查论证，广泛征求意见，尽量把可能发生的情况考虑进去，以尽可能避免出现1%的漏洞，直至达到预期效果。

2.制订计划时不要超过你的实际能力范围，内容要详尽

比方说，如果你想学习英语，那么你不妨制订一个学习计划，安排星期一、星期三和星期五下午5:30开始听20分钟的英语录音磁带，星期二和星期四学习语法。这样一来，你每个星期都能更实在地接近、实现你的目标。

3.做事要有条理有秩序，不可急躁

急躁是很多人的通病，但任何一件事，从计划到实现的阶段，总有一段所谓时机的存在，也就是需要一些时间让它自然成熟的意思。假如我们过于急躁而不甘等待的话，经常会遭到破坏性的阻碍。因此，无论如何，我们都要有耐心，压抑那股焦急不安的情绪，才不愧是真正的智者。

4.立即行动，勤奋才能产生行动

我们都知道勤奋和效率的关系。在相同条件下，当一个人勤奋努力工作时，他所产生的效率肯定会大于他懒散时的状态。高效率的工作者都懂

得这个道理，所以，他们能够实现别人几辈子才能够达到的目标。

从现在起，年轻人们，如果你梦想成为知识专家，那就立刻看看自己适合于研究什么专业，立刻分析现在社会的前沿信息是什么，立刻专心于读书学习；你应立刻开始，选书目、定方向、写笔记，立刻开始阅读，不要拖延时间。如果梦想成为一流的营销员，成为亿万富翁，那就立刻开始研究，产品、市场、人脉、营销，立刻拿起电话，立刻买上车票，立刻奔赴营销第一线。如果梦想成为政治家，那就要立刻学会演讲、学会写作、学会协调，立刻研究人脉、研究社会、研究管理……

★只要不是惯性使然，失败都是有益的

洛克菲勒说："只要不变成习惯，失败是件好事。"这句话的含义是，在追求人生目标的过程中，任何痛苦和逆境都是有意义的，你现在所受到的痛苦，都会从某些方面给你以启示。人生不如意十之八九。人一辈子会碰上许许多多的痛苦，这是我们无法避免的。痛苦可以让人颓废，也可以激发人的斗志。痛苦磨炼了人的意志，让人们不会轻易地被困难所打倒。

的确，人生就如同一杯泡好的清茶，有浮有沉，有高有低，既有高高在上的显赫与辉煌，也有不高不低的平凡，甚至还有在人生低谷时遭受的打击，感觉前途灰暗时的自卑与放弃。但人生又能有几次大起大落？如果缺少这些快乐与痛苦，伤心与激动，那一个人的一生还能称为完整吗？但凡伟人，都不是一帆风顺的，需要走过许多坎坷，经历许多悲伤、许多忧

虑……成功总是青睐那些走出人生低谷，勇往直前的人。当然，有人成功就必然有人失败，一部分人的一生都未走出人生的低谷，导致一辈子都庸碌无为，因为他们缺少一种精神——达观。

因此，生活中的年轻人，你要记住的是一点是，失败不可怕，可怕的是一蹶不振，失去信念。

洛克菲勒的儿子小约翰曾经因为一次投资失败而陷入闷闷不乐的情绪中，为此，洛克菲勒写了一封信宽慰他。信中，洛克菲勒说，这个世界上的每个人都没有顺遂的人生；相反，却要时刻与失败比邻而居。也许正因为这个世界上有太多太多无奈的失败，追求卓越才变得魅力十足，让人竞相追逐，甚至不惜以生命为代价。即便如此，失败还是要来。

他向小约翰讲述了他自己曾经的一次失败经历：

那时，他刚刚进入商界，信誓旦旦要闯出自己的一片天地。他的第一笔生意是关于农产品的，购进了一批豆子，却遭到了天灾———场霜冻将他的财富梦打碎了，他损失惨重。但他并没有因此被打倒，他认为要想重生就要冒险。于是，他向他的父亲借钱，然后跟自己的合伙人克拉克先生商量如何宣传自己。实践证明，他的做法是正确的，这一年下来，他不仅扭亏为盈，还获得了一笔可观的纯利。

接下来，他还讲述了一个爱迪生做实验的故事。

爱迪生曾经长时间专注于一项发明。对此，一位记者不解地问："爱迪生先生，到目前为止，你已经失败一万次了，您是怎么想的？"

爱迪生回答说："年轻人，我不得不更正一下你的观点，我并不是失败了一万次，而是发现了一万种行不通的方法。"

在发明电灯时，他也尝试了一千多种方法，尽管这些方法一直行不通，但他始终没有放弃，而是一直做下去，直到发现了一种可行的方法为止。他用行动证实了大射手与小射手之间的唯一差别：大射手只是一位继续射击的小射手。

正如洛克菲勒所说：人生在世，谁都厌恶失败，渴望成功，但人们并没有看到失败存在的正面意义：这些人生低潮是上天赐给你的、让你成长、让你变强的礼物。一次失败并不能说明什么，更不会在你的脑门上贴上无能者的标签。曾经听过这样一个故事：

伟大的所罗门王曾经做过一个梦，梦中的智者告诉他一句至理名言，说记住这句话，可以让人在得意时不骄傲，失意时不痛苦。但是所罗门王醒来时却忘了这句话是什么，于是便召集了王国里最有智慧的长者，并且给了他们一枚戒指，告诉他们，如果想出这句梦中的话，就把它刻在这枚戒指上。几天后，戒指被送还给所罗门王，上面刻着："一切都会过去！"

是的，一切都会过去的，无论发生什么，它即将成为过去，未来将会来临。当你感到情绪低落时请以这句话自勉。

生活中的年轻人，你也要记住的是：乐观的人在苦难中会看到机会，悲观的人在机会中会看到苦难。人始终要保持活力、永远坚强、坚毅，不论遭遇怎样的失败与挫折，这是你唯一能做的事情。再者，低谷应该是你重新审视自己、反省自我并调整自己的时候，因为成长来自于磨难。

人生启示

洛克菲勒总结出一条公式：梦想+失败+挑战=成功之道。一个人，若要宣布精神破产，你就会输掉一切。你需要知道，人的事业就如同浪潮，如果你踩到浪头，功名随之而来；而一旦错失，则终其一生都将受困于浅滩与悲哀。失败是一种学习经历，你可让它变成墓碑，也可以让它变成踏脚石。没有挑战就没有成功，不要因为一次失败就停下脚步。战胜自己，你就是最大的胜者！

★累坏自己总比放着朽坏要好

人生旅途漫漫，难免会遇到很多困难，但幸福与否，绝对取决于我们的心态。如果你消极悲观，那么，任何一件小事都能让你痛苦万分；而如果你积极乐观，你会发现，挫折是一种珍贵的资源，也是一笔人生的财富，你就能从中找到前进的动力。洛克菲勒曾说：“我经常提醒自己，累坏自己总比放着朽坏要好。生命是要我们来享受的，如果浪费光阴去担忧自己的健康而真的想出病来，那才是真正的不幸。”生活中的每一个年轻人，每当你遇到困难时，不妨以此激励自己。

在写给儿子的信中，他曾提及一些人为自己的失败找借口——健康出了问题。他说，这是人们最常见的借口，一句“我的身体不好”或“我有这样那样的病痛”，就成了不去做或失败的理由。事实上，没有一个人是完全健康的，每个人多少都会有生理上的毛病。很多人会完全或部分屈服于这种借口，但是一心要成功的人则不然。

盖茨先生曾为洛克菲勒引荐过一位大学教授，在一次旅行中，这位教授不幸发生意外，他不得不锯掉一条手臂，然而，即使面对这样的痛苦，他还是经常微笑着，像个健康的人一样。在一次谈话中，洛克菲勒谈到他的残障问题，他笑着说他：“那只是一条手臂而已，当然，两个总比一个好。但是切除的只是我的手臂，我的心灵还是百分之百地完整且正常。我实在是要为此感谢上帝。”

多么积极的人！这样向上的心态，是所有年轻人应该学习的。有一句老话说得好：“我一直在为自己的破鞋子懊恼，直到我遇到了一位没有脚的人。”庆幸自己的健康比抱怨哪里不舒服要好得多。为自己拥有的健康感恩，能有效地预防各种病痛与疾病。

事实上，古今中外的理论和实践都证明：挫折教育可以增强我们的适应能力、磨炼意志，形成自我激励机制，这正是你成长所必不可少的“壮骨剂”。

曾经有个人，他的一生都是充满不幸的。

在他46岁那年，他乘坐的飞机出了事故，他全身65%以上的皮肤都被烧坏了。无奈之下，他必须进行植皮手术，但他没想到的是，前前后后居然一共做了16次手术，他的脸变成了一块彩色板；并且，他的手指也没有了，人也瘫痪了，只能靠轮椅行动。可出人意料的是，就在六个月后，这位巨人居然驾机飞上了蓝天。

然而，厄运并没有到此结束。4年后，在一次飞行过程中，他所驾驶的飞机居然失控，然后摔回跑道，而他的12块脊椎骨全部被压得粉碎，造成了腰部以下永远瘫痪。

但即使这样，他也没有消沉，他说：“我瘫痪之前可以做1万种事，现在我只能做9000种，我还可以把注意力和目光放在能做的9000种事上。我的人生遭受过两次重大的挫折，所以，我只能选择不把挫折拿来当成自己放弃努力的借口。”

这位生活中的强者，就是米契尔。正因为他永不放弃努力，最终成为了一位百万富翁、演说家、企业家，还在政坛上获得了一席之地。

看完这个故事，年轻人，你是否会认为，米契尔应该是世界上最不幸的人了？那么，一个经受过如此挫折和不幸的人都能成为生活的强者，你又有什么做不到的呢？年轻人，不要为你现在的遭遇埋怨命运的不公，实际上，世界上还有很多比你更不幸的人，想想那些更不幸的人仍旧坚强地活着，你又为什么不能呢？ 为此，当你遇到困难时，你不妨告诉自己：

1.活着就是一种幸福

你不妨想下一下，“5·12汶川大地震”和“4·14玉树地震”中，有多少人不幸丧生！只要活着，其他什么挫折都不是挫折，什么困难都不是困难。上天给我们这么好的眷顾，我们应该不管碰到什么困难和挫折都要去积极面对，都要充满激情地面对生活。

2.过好当下，充实自己才是王道

年轻人，你的人生才刚刚开始，若想获得一个成功的人生，不仅要积累基础知识，更要修炼你的心性，心态能改变命运。活好当下，全身心投入你现在的生活和学习才是基础。未来靠的是现在，现在做什么，怎样做，达到什么目标，决定着未来的模样。因此，你要记住，不要急功近利，努力、认真过好每一天，美好的明天自然就会来到；如此持之以恒，五年、十年过去时就会结出硕果。

人生启示

任何一个年轻人，都只有在挫折教育下，才能成长为健康快乐、优秀卓越的人才。但前提是，你在跌倒的时候，要学会自己爬起来，正如张海迪所说：“即使跌倒一百次，也要一百零一次地站起来。”失败并不可怕，可怕的是一蹶不振。一个人不仅要有天资、勤勉、进取之心，还要有一种经受得住挫折和磨难的韧性，这样才会使人生臻于完善，走向理想的归宿。

★相信自己，肯定自己

生活中，每个人都有梦想，每个人都梦想过自己能成为什么样的人，也许是科学家，也许是企业家，也许是医生或者律师等，然而，真正能成功的人却是少数，这是因为大多数人宁愿做梦而不愿实践。实际上，想成为自己想做的人并不难，只要你相信自己，然后朝着梦想努力奋进。

洛克菲勒曾说：“成功的人只是相信自己、肯定自己所作所为不是平凡的人。”这句话就是要告诉我们自信对人生信念的鼓舞作用。洛克菲勒一直对信心非常推崇，曾经，他在给儿子的信件中说道：“信心的大小决定了成就的大小。我从不相信失败是成功之母，我相信信心是成功之父。耐人寻味的是，人人都想要大有作为，每一个人都想要获得一些最美好的东西；每一个人都不喜欢巴结别人，过着平庸的日子；也没有人喜欢觉得自己是二流人物，或觉得自己是被迫进入这种境况的。照亮我的道路，不断给我勇气，让我愉快正视生活的理想的，就是信心。在任何时候，我都不忘增强信心和能力。我定期提醒自己，你比你想象得还要好。成功的人并不是超人。成功不需要超人的智力，不是看运气，也没什么神秘之处。成功的人只是相信自己、肯定自己的所作所为不是平凡的人。永远不要、绝对不要廉价出售自己。”

事实上，洛克菲勒的成功史就是对这句话的最好验证：

洛克菲勒是美国第一位亿万富翁，美国最富有的洛克菲勒家族的首领，美国第一家工业托拉斯企业的创建者，全球伟大的慈善家和现代慈善业最大的组织者。洛克菲勒成就了这一切，但是谁能想到，起初他只是一个杂货店职员，他在俄亥俄州克里夫兰的一家杂货店里干，每星期只挣5美元。

洛克菲勒出身贫寒，但在孩提时代，他就励志一定要成为世界上最富有的人，而最终，他真的做到了。

青年时代，通过勤奋和自信，他开办了一个自己的小炼油厂。他并没有就此停止自己奋斗的脚步，接下来，他瓜分了美国的石油市场，然后再通过一系列的企业吞并战，垄断了美国全国1/5的石油产量。

再接下来，洛克菲勒还建立了自己的输油管道，并和有关铁路公司结成了联盟，无数石油开采企业一个个落入洛克菲勒的手中。为了掌握运输主动权，洛克菲勒还自己建造输油管。后来，洛克菲勒成立了美国历史上第一个托拉斯组织——美孚石油公司，作为控制全国各地美孚系统企业的中心；到20世纪初逐步建立起了一个全世界无与伦比的美孚销售网，进而形成了世人所称誉的“石油联合国”。

的确，洛克菲勒不仅具有强大的、世人难以攀比的信心，而且对信心的阐述也是那么清晰透彻、深刻隽永，值得人们深深思索和坚定地实践。

我们不得不承认，自信具有一种魔力，它能让人产生积极向上的态度和努力拼搏的热情。如果你希望自己成为自己想做的人，那么，你首先要树立坚定的信心，并要有强烈的成功愿望，这是不可或缺的。

可能很多年轻人都还记得，上幼儿园时，老师曾问“你们将来长大了想做什么样的人”的情景。我们每个人的心中都有一个梦想，但长大后，很多人才发现，原来自己早已将儿时的梦想搁浅。在成长过程里，由于缺乏了勇气，我们将梦想搁浅了。不过，一个人究竟想成为什么样的人，或者内心深处想做什么样的人，这种感觉是不会改变的。在追逐梦想的过程中，我们应该勇敢向前，克服畏惧心理，努力成为自己想做的那个人。

总之，生活中的年轻人们，你需要记住的是，信念是一种无坚不摧的力量，当你坚信自己能成功时，你必能成功。许多人一事无成，就是因为他们低估了自己的能力，妄自菲薄，以至于缩小了自己的成就。信心能使人产生勇气，成功的契机，是建立自己的信心和勇气，以信心克服所有的障碍。

人生启示

每个人的心中都有一个梦想，但是否能实现梦想，做自己想成为的人，关键还在于你是否有足够的自信。当然，在追求梦想的过程中，我们都会遇到挫折，此时，我们唯一能做的就是勇敢向前，通过努力奋斗一步一步向自己的梦想靠近。

第5章

命运篇——我们的命运掌控在自己手里

洛克菲勒曾说："每个人都是他自己命运的设计者和建筑师。"的确，没有谁的命运在他一出生时就已经被设定了，我们的命运如何，主动权掌握在我们自己手里。相信每一个年轻人都渴望自己有个灿烂的人生，那么，从现在起，不妨积极主动点，为自己设立一个人生目标并为之不懈地努力。这样，即使你遇到再大的困难，只要心中的希望不灭，你最终就会有所收获。

★我们的命运如何，取决于我们的行动

世界首富比尔·盖茨曾经说过：“我心目中的赚钱英雄只有一个名字，那就是洛克菲勒。”他把洛克菲勒作为自己唯一的崇拜对象。更有人说：“美国早期的富豪，多半靠机遇成功，唯有约翰·洛克菲勒例外。”的确，在很多渴望成功的年轻人眼里，洛克菲勒能从一无所有到拥有现在的商业帝国是一个传奇，但事实上，这却是他持之以恒、积极奋斗的回报，是命运之神对他艰苦付出的奖赏。他曾经对自己的儿子说过这样一句话：“我们的命运由我们的行动决定，而绝非完全由我们的出生决定。”生活中的年轻人们，我们需要记住的是，一个人的命运如何，是掌握在自己手里的，出身只能决定我们的起点，不能决定我们的终点。对此，洛克菲勒的人生轨迹可以提供证明：

幼年时的他就开始随着父母过着动荡不安的生活，他们总是搬迁。他11岁时，父亲因一桩诉讼案而出逃。此后，洛克菲勒就担起了家里生活的重担。

后来，对知识的渴望，让他在商业专科学校学习了三个月，在学会了会计和银行学之后，他就辍学了。

出了学校的洛克菲勒，刚开始在休伊特·塔特尔公司做会计助理。在工作中，他始终不忘学习。每次，当休伊特和塔特尔讨论有关出纳的问题

时，洛克菲勒总是认真倾听，从中汲取知识。另外，洛克菲勒在这家公司从业期间，为公司带来不少效益，赢得了老板的赏识。

洛克菲勒很细心，每次在公司交水电费的时候，他都要逐项核查后才付款，而老板只看总金额。很快，这让洛克菲勒取得了老板的信任。

又有一次，公司高价购买的大理石有瑕疵，洛克菲勒巧妙地为公司索回赔偿。休伊特很欣赏他，就给他加了薪。

后来，洛克菲勒从一则新闻报道中得知由于气候原因英国农作物大面积减产，于是他建议老板大量收购粮食和火腿。老板听从了他的建议，公司因此而获取了巨额的利润。

成绩斐然的洛克菲勒要求加薪，却遭到了休伊特的拒绝。于是，洛克菲勒决定离开公司自己创业。当时的洛克菲勒只有800美元，而创办一家谷物牧草经纪公司至少也得4000美元。于是他和克拉克合伙创业，每人各出2000美元。洛克菲勒想办法又筹集了1200美元，才凑够了钱。这一年，美国中西部遭受了霜灾，农民要求以来年的谷物作抵押，请求洛克菲勒的公司为他们支付定金。可是公司没有那么多资金，洛克菲勒就从银行贷款，满足了农民的需要。经过一年的苦心经营，获利4000美元。

而如今，洛克菲勒中心的53层摩天大楼坐落在美国纽约第五大道上，这里也是标准石油公司的所在地。标准石油公司创立之初（1870年）仅有5个人，而今天该公司拥有股东30万人，油轮500多艘，年收入已达八百亿美元，可以说，这里的一举一动牵动着国际石油市场的每一根神经。

洛克菲勒的人生就是从一个周薪只有5元钱的簿记员开始的，但经由不懈的奋斗却建立了一个令人艳羡的石油王国。洛克菲勒的成功并不是一个神话，他只是更懂得用行动和智慧来经营人生。他有一双善于发现机会的慧眼，他从为别人打工开始，就显示出了与众不同的智慧。

中国人常说："穷不过三代，富不过三代。"这句话揭示了一个现象：没有永恒的贫穷，也没有永恒的富有。洛克菲勒曾告诉他的儿子："机会永远都会不平等，但结果却可能平等。"事实上，在古今中外的历史上，无论是在政界还是在商界，尤其在商界，白手起家的事例俯拾皆是，他们曾经是贫穷的，却因为努力奋斗而拥有了自己的事业，甚至功成名就。当然，历史上也充斥着富家子弟拥有所有优势，却走向失败的事例。

总之，生活中的年轻人们都应该记住洛克菲勒的话——我们的命运由我们的行动决定，而绝非完全由我们的出身决定。每个人的起点并不能决定其人生结果。在这个世界上，永远没有穷、富世袭之说，也永远没有成、败世袭之说，有的只是我奋斗我成功的真理。我们都应该坚信，我们的命运由我们的行动决定，而绝非完全由我们的出身决定。

人生启示

"高贵快乐的生活，不是来自高贵的血统，也不是来自高贵的生活方式，而是来自高贵的品格——自立精神。看看那些赢得世人尊重、处处施展魅力的高贵的人，我们就知道了自立的可贵。"享有特权而无力量的人是废物，受过教育而无影响的人是一堆一文不值的垃圾。找到自己的路，上帝就会帮你！

★我们从命运手中接到的，不是失望之酒，而是机会之杯

洛克菲勒曾说："命运给予我们的不是失望之酒，而是机会之杯。"这句话曾被他写进家信中，目的是要告诉他的子女们，无论命运把我们

置于何地，我们都不能放弃进取的努力和成功的机会。同样，生活中的年轻人们，人生无常，当不幸来临时，积极的心态是一个人战胜一切艰难困苦、走向成功的推进器。积极的心态，能够激发我们自身的所有聪明才智；而消极的心态，就像蛛网缠住了昆虫的翅膀、脚足一样，束缚住了人们才华的光辉。

在给约翰的信中，洛克菲勒讲述了自己就业之初的一段辛酸史：

那时候，他刚从学校毕业，立志要进入一家大公司工作，因为这样他能以大公司的思维方式思考问题。于是，他开始了自己辛苦的找工作的历程。他来到一家银行，但不幸的是，他被拒绝了；接下来，他又去了一家铁路公司，结果仍然失败了。那是一段难熬的日子，天气又很热，但他还是坚持找工作，他所有的生活内容就是找工作。一个星期内，他把所有被他列入名单的公司都找了个遍，但仍然一无所获。

在外人看来，这是一件非常糟糕的事，但洛克菲勒告诉自己，没人能阻止我前进的道路，阻碍我前进的最大敌人就是我自己，我是唯一永久能做下去的人。如果你不想让别人偷走你的梦想，那你就在被挫折击倒后立即站起来。

洛克菲勒没有沮丧、气馁，尽管他遇到了接二连三的打击，但反而坚定了他继续努力的决心。接下来，他又从头来，一家一家地跑，有些公司，他甚至跑了几次。上天不负有心人，这场漫长的求职旅程终于在一个半月以后结束了。

1855年9月26日，他被休伊特·塔特尔公司雇用。这一天似乎决定了他未来的一切。

直到很多年后，洛克菲勒还是把9月26日当作“重生日”来庆祝，他对这一天抱有的情感远胜过他的生日。

是啊，命运给予我们的不是失望之酒，而是机会之杯。生活中的年轻人们，无论你遇到了什么，你都要一定要振作起来！学会用积极的眼光看待问题，你就能看到阳光，看到希望。

雨后，一只蜘蛛艰难地向墙上已经支离破碎的网爬去。由于墙壁潮湿，它爬到一定的高度，就会掉下来，它一次次地向上爬，又一次次地掉下来……第一个人看到了，他叹了一口气，自言自语："我的一生不正如这只蜘蛛吗？忙忙碌碌而无所得。"于是，他日渐消沉。第二个人看到了，他说：这只蜘蛛真愚蠢，为什么不从旁边干燥的地方绕一下爬上去？我以后可不能像它那样愚蠢。于是，他变得聪明起来。第三个人看到了，他立刻被蜘蛛屡败屡战的精神感动了。于是，他变得坚强起来。

的确，对待同一样事物，几个人的看法不同是很正常的事，就像人也有两面性一样，问题在于我们自己怎样去审视，怎样去选择。面对太阳，你眼前是一片光明；背对太阳，你看到的是自己的阴影。

成功和失败之间的区别在于心态的差异：成功者着意亮化积极的一面，失败者总是沉迷于消极的一面。心态是个人的选择，有成功心态者处处都能发觉成功的力量。一个人有了积极的心态，成功就变得容易了。

人生启示

上帝赋予我们聪明的头脑和坚强的肌肉，不是为了让我们成为失败者，而是为了让我们成为伟大的赢家的。伟大的人生就是征服卓越的过程，我们必须向这个目标前进，不怕痛苦，态度坚决，准备好在漫长的道路上跌跤。

★我们之所以感到侮辱，是因为实力不够

我们不难发现，大凡做出一些成就的人，他们的成功之路都不是一帆风顺的，他们必定会经受一些磨难，吃尽苦头，然后才能等到出头之日，一鸣惊人。在这个过程中，他们不断地忍耐着痛苦与辛酸，无论是精神上的还是身体上的。那些痛彻心扉的日子里，他们咬着牙，将滴落的血吞进肚子里。有时候，为了完成自己心中的理想，他可能会需要寄人篱下，甚至遭人白眼，受人讽刺，但他们都忍耐了过来。在这个过程中，他们好像在委曲求全，实际上却是运筹帷幄，因为他们知道，自己的忍耐只是为了等到可以出头的那一天。一旦到了有利的时机，自己就可以将所有的计划付诸实践，那么，自己以前所受的所有苦难就是值得的，因为它们已经凝结成了耀眼的成功的光环。

洛克菲勒说："除去恶意，我想我们之所以会遭受侮辱，是因为我们能力欠佳，这种能力可能和做人有关，也可能与做事有关，总之不构成他人的尊重。"实际上，洛克菲勒能成为标准石油公司的总裁，能坐拥亿万家财，也是因为他有一颗能忍耐的心。洛克菲勒曾经讲述过自己在童年时的一次经历：

一天下午，学校老师告诉同学们，有位摄影师要来拍他们上课的情景照。对于像洛克菲勒这样的穷人家的孩子来说，能拍照确实是一件奢侈的事。当他听到这个消息后，内心雀跃起来，他甚至想象着自己要怎么摆好姿势、怎么去笑，并想着回家后一定要第一时间把这件事告诉母亲。

就在他作好一切准备，用一双兴奋的眼睛盯着摄影机时，摄影机突然说："能让那位学生离开他的座位吗？他的穿戴实在是太寒酸了。"洛克菲勒愣住

了，但是他只能默默地站起身，离开了那个富家子弟组成的摄影队伍。

在那一瞬间，洛克菲勒感觉自己的脸在发烧，但他没有生气，也没有因此埋怨自己的父母为什么令家里这么穷。因为他知道，他的父母将他送进学校学习已经是一件不易的事情了。只是，在那一刻，他暗暗地下决心：总有一天，你会成为世界上最富有的人！让摄影师给你照相算得了什么！让世界上最著名的画家给你画像才是你的骄傲！

很多年间，洛克菲勒的家里一直珍藏着这张没有他本人的照片。

当然，洛克菲勒曾经的誓言变成了现实。当然，侮辱一词的意义在他眼里已经转换，它不再是剥掉他尊严的利刃，而是一股强大的动力，催促他不断奋进，成为自己想成为的人。

生活中的年轻人，你若想功成名就，就要在年轻时学习“忍辱负重”，并练就这样的勇气。正所谓“小不忍则乱大谋”。在千变万化的社会中，难免会发生磕磕绊绊的事情，尤其是在水深似海的职场或官场中，斗争、受辱更是在所难免。所以，当我们置身于受辱的环境中时，要懂得忍耐，要鼓足勇气忍下去，这样才能取得最后的胜利。

高尔基说过一句名言：“哪怕是对自己一次小小的克制，也会使人变得坚定而有力。”一个善于克制情绪、控制行为的人，一定是个能掌控命运的人、能做大事的人。反之，遇上一点事就火冒三丈，不能控制自己暴躁情绪的人，往往不会有什么大作为，并会因为自己言行的不当而成为人们眼中的笑柄。

韩信很小的时候就失去了父母，主要靠钓鱼换钱维持生活，经常受一位漂洗丝棉的老妇人的周济，屡屡遭到周围人的歧视和冷遇。一次，一群恶少当众羞辱韩信，有一个屠夫对韩信说：你虽然长得又高又大，喜欢带刀佩剑，其实你胆子小得很。有本事的话，你敢用你的佩剑来刺我吗？如果不敢，就从我的裤裆下钻过去。韩信自知形只影单，硬拼肯定吃亏。于是，当着许多围观人的面，从那个屠夫的裤裆下钻了过去。这便是史书上所称的“胯下之辱”。

那个时候，韩信还处在人生低谷中、还没有成名，在街头上要面对“胯下之辱”，试想，如果他选择的是动怒，即使他想找回尊严，可是在一群痞子面前，他又能怎么样？好汉不吃眼前亏，韩信是明智的，这样一种心胸助他成为了一代名将。

然而，忍耐，也是有目的的，如果一个人是毫无目的地忍耐，不管遇到何人何事都采取忍耐的态度，那这样的忍耐就是愚蠢的。在忍耐的同时，我们应该问自己“为什么忍耐”、“忍耐需要达到什么样的目的”，当心中有计划，那就必须忍耐；羽翼未丰，也需要忍耐，这样的忍耐是一种智谋。因为在委曲求全忍耐的同时，他早已经将所有的计划掌控于胸中，忍耐不过是为赢得最后的成功拖延时间而已。

人生启示

逞一时之快，逞英雄，并不是勇气，并不是成功。真正的勇气是即使失败了，被人羞辱了，也能忍耐过来，并将这种忍耐当作前进的动力。如果我们具备了这样的勇气，那在这个世界上，还愁什么做不成呢？

★要相信美好的事情终将来临

洛克菲勒曾说：“相信不尽如人愿的事虽屡屡发生，但好事终将占得上风。”这句话的含义是，人生不如意十之八九，人一辈子会碰上许许多多的痛苦，这是我们无法避免的。痛苦可以让人颓废，也可以激发人的斗志。内心积极的人最终会战胜困难。

在洛克菲勒的家信中，他曾对自己的儿子说：“经常跟消极的人来往，你自己也会变得消极。”洛克菲勒一生都喜欢与那些积极的、不屈服的人打交道，他喜欢挑战令人厌恶的逆境，因为他知道，那是通往成功最明智的方向。

生活中的年轻人，你也应该记住洛克菲勒的话，成功总是青睐那些走出人生低谷、勇往直前的人。当然，有人成功就必然有人失败，一部分人一生都未走出人生的低谷，导致一辈子都庸碌无为，因为他们缺少一种精神——达观。

一只猴子被暴风雨淋得晕头转向，浑身发抖，无处可躲。于是，它决定明天一定造一个漂亮舒适的房子。可是，第二天雨过天晴，猴子却伸了伸懒腰：“等明天再造房子吧。”于是又尽情地玩去了。时间一天一天地过去了，猴子却一直没有把房子造好，只是当暴风雨又来临之时，它才后悔不迭。

“明日复明日，明日何其多”，我们绝不能像那只贪玩的猴子那样，总把希望寄托给明天。抓紧时间，做今天的事，才是最实在的，才能解决当下的问题，找到出路。

当然，对于人生的低谷，首先我们要做的就是坦然地接受它，因任何事情的存在，都必定会产生一些影响，我们首先要做的是承认这种影响，承认低谷已经存在了。如当你深爱的人刚刚去世或你感到死亡正在向你靠近，你肯定不会感到幸福，因为这是不可改变的，但是你可以臣服它，尽量让自己处于一种平和的状态。相反，你越是抗拒，这一事情对你产生的影响就越持久。例如，你越是不相信爱人已经去世，你就越是陷在这种痛苦的泥潭中不能自拔。当然，承认低谷的存在与“我不愿再烦恼了”、“我不可能再发展了，就接受这种状态吧”这种态度是不一样的，这意味着你要接受那些你不能改变或当下改变不了的现实，不断臣服于当下，不断采取积极的行动，直到你取得理想的结果。

我们要相信自己能走出低谷，相信我们会有成功的那一天，虽然现在你正在处于不好的情况，但是要相信自己一定能迈过这个坎，而且通过这些你会变得更成熟更强壮。

低谷应该是你重新审视自己、反省自我并调整自己的时候，因为成长来自于磨难。

那么，当我们陷入低谷的时候，该怎样让自己变得积极起来呢？实际上，我们都知道，这是不容易的，但你可以缩短低谷的时间，为此，你必须跨出第一步。你可以通过转移注意力的方式，做自己喜欢做的事情。你可能会想，我厌恶极了现在的工作，那么，你总有喜欢做的事情，不管是学外语，还是学做料理、煮咖啡、登山、运动……只要能让自己变得积极一点，你就应该马上跨出一小步，给自己注入积极的汤剂。

人生启示

人生有高潮就有低谷，人生如同一场游戏，没有一个定数，所以又何必处处计较？不如保持信心与期待，胜不骄，败不馁，在这个美丽的人间留下自己坚实的足迹。或许你以为在你面前有很难翻过的门槛，其实当事情过去以后，你会发现，这在你人生路上是多么不显眼的一件事情，根本无须惧怕。所以，你应该重新扬起自信的风帆，鼓起劲儿摇桨，向成功的彼岸进发。

★每个人都是自己命运的设计者和践行者

在西方，有一句家喻户晓的名言——每个人都是他自己命运的设计者和建筑师。它出自于石油大王洛克菲勒。这句话的含义是：要成为什么样的人，拥有怎样的人生，是取决于我们自己的。我们都知道，洛克菲勒个人的成功和商业帝国的形成都出自于他的双手。他不相信命运，在孩提时代，他就立志要成为全世界最富有的人，最终，他做到了。任何一个渴望改变自己现在命运的年轻人都应该记住这句话，并要从现在起设计自己的人生。

我们先来看下面一个故事：

欧洲有一位艺术家，要画一幅耶稣的画像。由于耶稣是上帝的儿子，代表着神圣，应该画得庄严肃穆，因此这位画家便四处寻找一位相貌很好的模特儿，并且完成了这幅千古佳作，受到了人们的赞扬。

过了几年，有人提议，光有这幅惟妙惟肖的耶稣画像还不够，还不能显现耶稣的伟大，如果再画一张魔鬼撒旦的像和此像比照，效果一定更好。可是面貌长得像魔鬼的人到哪里去找呢？最后他只好到监狱找了一个面相凶恶的囚犯做对象。

当画家为囚犯画像时，这个囚犯突然掩面哭泣起来。画家就问他："你怎么哭了呢？"

"我是触景伤情，忍不住悲伤才哭的。"

"什么事让你如此痛心呢？"

"几年前我也曾经当你的模特儿，想不到数年后我又遇到你，可是人生的境遇却完全两样！"原来，这个囚犯就是先前充当耶稣画像的模特儿。

画家听了大吃一惊说："你的相貌怎么变得如此凶狠可怕呢？"

囚犯说，当时他得了这笔奖金，吃喝嫖赌，做尽坏事，甚至以身试法，坐进牢狱，相貌也因此变凶恶了。

相随心转，你的心可以让你变成耶稣，也可以让你变成撒旦，善恶之间，全看你自己。

这个故事告诉生活中的所有人，命运的主动权就掌握在我们自己手里，最终成为耶稣还是撒旦，也由我们自己决定。

洛克菲勒曾告诉自己的儿子一定要找到自己的路。同样，生活中的年轻人，你也要明白，这个世界上没有什么救世主，要学会设计人生，才能改变命运。在这个变幻莫测和充满奇迹的时代，谁都希望能出人头地，谁都希望获得财富，可是，一些年轻人在遇到一点阻碍时便开始抱怨自己的出身不好、没有良好的教育基础，还时常抱怨和嗟叹自己时运不济、命途多舛，认为自己的出发点没有自己想象中的那般理想。然而，你是否考虑过，你真的明确自己的目标吗？你要知道，一个人的起点如何，并不能决定他的人生；假若你的起点不好，你更应该去拼搏，去改变自己的命运；如果你能有坚定的信念和执着的毅力，可以为改变自己的命运而付出汗水，那么你的人生结果，绝对不会因你人生起点的欠缺而受到任何影响；反过来，如果你衣食无忧、成长环境优越而沉醉于享乐之中，那么，你的起点再好，你也会最终"泯然众人矣"。

其实命运是很公平的。上帝如果没赋予你美貌，那一定会赋予你智慧；如果没赋予你智慧，那一定会赋予你美德；如果没赋予你逻辑思维能力，那一定会赋予你形象思维能力；如果没赋予你动脑能力，那一定会赋予你动手能力。每个人都是上帝的宠儿，上帝一定赋予了你很闪光的优点，只是你要能认识到，并把它发挥出来。

为此，年轻人，你需要记住的是，千万别好高骛远，异想天开。更不要自暴自弃，怨天尤人，每天混日子，不思进取，不学无术，不务正业。如果这样，即使你命中注定能成为高楼大厦，你也只会是一片废墟。一番耕耘未必就有一番收获，但不耕耘肯定没有收获。

人生启示

每个人的命运都掌握在自己手里，因此，不要抱怨自己基础不好，不要抱怨自己时运不济，学会掌控自己的命运，并为目标努力，才是改变命运的最佳方法。

★大多数人都低估了自己所拥有的

洛克菲勒曾说："有太多的人高估他们所欠缺的，却又低估了他们所拥有的，这是个悲剧。"这句话是要告诉我们，逆境总是吞噬意志薄弱的失败者，而常常造就毅力超群的事业成功者。磨难是魔鬼，它夺走了你的光明；磨难也是天使，它是一座深不可测的宝藏。要在逆境中赶走魔鬼、拥抱天使，最重要的美德就是坚韧。

我们都知道，机遇是与风险并存的。在机遇面前，只有少数人能抓住，这是因为很多人在看到机遇背后的风险后便选择了放弃。现实案例告诉我们，百分之九十的失败者其实不是被打败，而是自己放弃了成功的希望。对于智者来说，不论面对怎样的困境、多大的打击，他都不会放弃最后的努力。因为成功与不成功之间的距离，并不是一道巨大的鸿沟，它们之间的差别只在于是否能够坚持下去。

因此，每一个年轻人都应该记住，真正的强者不是拥有完美的人生，而是勇于接受各种磨炼，只有这样，他的翅膀才会更坚硬，才能飞得更高、更远，他才是真正成功的人。

洛克菲勒在写给儿子的信中讲述了这样一个故事：

在希腊，有个著名的演说家叫德莫森。曾经，他患有口吃，这让他感到很自卑和羞怯。为了让儿子能过上衣食无忧的生活，他的父亲在死后为他留了很大一片土地。但当时的希腊有这样一条奇特的法律规定，要拥有这些土地，他必须参加公开的辩论赛。然而，不幸的是，口吃使得德莫森惨败，结果丧失了那块土地。但他没有被击倒，而是发愤努力战胜了自己的缺陷，结果他最终获得了那片土地，并创造了人类空前未有的演讲高潮。历史忽略了那位取得他财产的人，但几个世纪以来，整个欧洲都记得一个伟大的名字——德莫森。

的确，功成名就是一连串的奋斗。那些伟大的人物，几乎都受过一连串的无情打击，他们每个人都险些宣布投降，但是他们因为坚持到底，终于获得了辉煌的成果。

约翰·库缇斯是澳大利亚人，他天生严重残疾，骶骨没有正常发育，出生时双腿像青蛙般细小。连医生都被他生命最初的这个形态吓住了，医生给了约翰的父亲一个残酷的预言，他最多也活不过一年。可是，47年后的今天，他仍然自由自在地做着他想做的事。约翰·库缇斯用百折不挠的精神创造了生命史上的奇迹。

可是，不难想象，天生的残疾注定了约翰·库缇斯要经受多少磨难，他说他能生存下来的原因就在于敢于面对现实，主动迎击生活。他坚定地说：“一个人一旦确定了自己的目标，就要去努力实现它。不要怕失败，1000次摔倒，可以1001次地站起来。摔倒多少次也不要退缩。”

约翰学会了用手走路，摔倒一次又一次后，他又成了一个滑板高手。他还学会了开车并考取了驾照；学会了潜水、游泳，拿到了澳大利亚残疾人网球赛的冠军和全国举重亚军……

他梦想当演说家：“我要在10年内成为历史上最伟大的演说家。”现在，世界上至少已有超过350万的观众听过他的演讲。2004年是约翰的“中国年”，他在15个省市作巡回演讲。他说：“如果我可以做到，你为什么不能做到？”

1999年，约翰在巡回演讲途中被查出患了癌症，可是约翰不信，他开始阅读关于癌症的资料，并积极配合医生的手术和治疗。果然，奇迹再次发生了，2000年5月，他被正式列入癌症痊愈者行列。

百折不挠，勇往直前是约翰战胜一个个磨难的利器，这种精神是取得成功的基础。没有这种精神，再强悍的人也不能体味到成功的喜悦，而只能羡慕别人的成功，只能慨叹自己命不如人。

库雷曾说：“许多人的失败都可以归咎于缺乏百折不挠、永不放弃的战斗精神。”的确，我们发现，一些人或满腹经纶，或能力超群，但他们却同时拥有一个致命的弱点，那就是缺乏一种抗打击的能力，往往一遇到微不足道的困难与阻力，就立刻裹足不前，没有韧性，遇硬就回，遇难就退，遇险就逃。因此，终其一生，他们只能从事一些平庸的工作。

人生启示

一个人跌倒并不可怕，可怕的是跌倒之后爬不起来，尤其是在多次跌倒以后失去了继续前进的信心和勇气。不管经历多少不幸和挫折，只要你的内心依然要火热、镇定和自信，以屡败屡战和永不放弃的精神去对付挫折和困境，那么，你就会不断强大起来。

★在教育与努力之外的成功要素

洛克菲勒曾经说过这样一句话："要取得今天的成功，就要在教育与努力之外再加上这些要素——有创造性的、想象力丰富的心灵。"这句话告诉了我们创造性思维的重要性。的确，当今社会已经是个信息时代，任何成功者，无不是抓住了成功的商机。年轻人，你也应该记住洛克菲勒的话，并学会在日常生活中多开动你的大脑，培养自己的创造性思维和创造力。

洛克菲勒曾经在写给儿子的信中提到："我相信，做任何事都不可能只找到一种最好的方法，最好的方法正如创造性的心灵那样多。没有任何事是在冰雪中生长的，如果我们让传统的想法冻结我们的心灵，新的创意就无处滋长。

"的确，我们处理任何事，都并非只有一种方法，我们若想找到最佳的方法，就要不断改良自己的行为和思想，就要不断发挥自己的想象力。要找出完美想法的最佳途径，就是拥有许多想法。我会不断地为自己和别人设定较高的标准，不断寻求增进效率的各种方法，以较低的成本获得较多的报酬，以较少的精力做更多的事情。因为我知道，最大的成功都是属于那些有'我能把事情做得更好'的态度的人。"

爱因斯坦也曾说："想象力比知识更为重要"。在创新的过程之中，最可怕的是想象力的贫乏。可以这样说，人的一切发明与创造都源于想象力。一个人一生的成就，全归功于他能建设性地、积极性地利用想象力。有与众不同的想法，才能有与众不同的收获。

在哈佛的学生中，一直流传着他们的学长史蒂夫·鲍尔默先生的财富故事：

在美国商界，在洛克菲勒家族财富故事后，也出现了一些后起之秀，其中就包括毕业于哈佛大学的史蒂夫·鲍尔默，他是全球领先的个人及商务软件开发商——微软公司的首席执行官。

鲍尔默先生于1980年加盟微软，他是比尔·盖茨聘用的第一位商务经理。

鲍尔默从小就很聪明，在他读高中的时候，他的母亲带他参加了全国性的数学大赛，在这次大赛中，他拿到了一个前十名的好成绩，并且拿到了去哈佛的奖学金。从此，他顺利实现了他父亲的梦想——考入哈佛。

在哈佛学习期间，鲍尔默拿到了双学士学位——数学和经济学学位。

鲍尔默曾经在一次新生开学典礼学上说："打开你的思路，放远你的视线。"他说，"因为永远有想不到的机会你没有想到、你没有看到，可是这个机会会给你带来一生惊喜的突变。"

这是鲍尔默对自己成功人生的精彩诠释。思路开阔、目光长远的人，常常能够想在人先，走在人前。

当今社会，任何人要想在竞争中脱颖而出，都不能忽视思维的力量，那些头脑灵活、拥有思想的人在这个社会更有打拼的出路。因为打拼的过程中，谁都会遇到难题，只有开发大脑，能做到运筹帷幄，才能解决现下的难题。诚然，在难题面前，任何人都可能会产生一些焦躁的情绪，但焦躁对于事情的解决毫无帮助，我们只有静下心来，才能冷静地思考解决的方法。

生活中，失败平庸者多，除了心态问题外，还有思维能力问题，他们在遇到问题时，总是挑选容易的倒退之路。"我不行了，我还是退缩吧。"结果陷入了失败的深渊。成功者遇到困难，他们能心平气和，并告诉自己："我要！我能！""一定有办法。"因此，我们的思维也需要做到与时俱进。有时候，可能你觉得你已经进入了死胡同，但事实上，只是你没有找到出路而已。而改变事物的现状就是运用思维的力量，思路一变方法来，想不到就没办法，想到了又非常简单，人的思维就是这样奇妙。

总之，生活中的年轻人，你若希望自己拥有一个灵活的头脑，就要学会在日常生活中重视训练自己的大脑，因为人的大脑就如同一台机器，长时间不使用，它的工作能力就会下降甚至丧失。

人生启示

拒绝新的挑战是非常愚蠢的，传统型的想法是我们创造性计划的头号敌人。创新也并不是一时之功，创新更需要我们做到出奇制胜。每一个年轻人都应该让自己的思维变通起来，当大家都朝着一个固定的思维方向思考问题时，你不妨换个方向思索，这实际上就是以"出奇"去达到"制胜"。这种思维方式一旦运用到工作中，效率就会大大提高，你也可能会得到不同寻常、出其不意的成功。

★我们生而带来的双脚，就是用来独立行走

洛克菲勒曾说："上帝为我们创造双脚，是让我们靠自己的双脚走路。"的确，人都是应该独立的，一个人的成长过程就应该是一个逐渐独立与成熟的过程。但我们不难发现，现代社会，有一些年轻人，他们即使已经长大成人，却依然摆脱不了对父母的依赖；一旦失去了父母的帮助，他们会感到不知所措。而这种依赖一旦发展下去，就有可能形成依赖型人

格障碍。

因此，生活中的每个年轻人，如果你也希望做在未来能出一番成就，那么，你首先应该做的就是学会独立，独立生活、独立思考。

洛克菲勒曾经在给儿子的信中说道：“你希望我能永远同你一起出航，这听起来很不错，但我不是你永远的船长。上帝为我们创造双脚，是要让我们靠自己的双脚走路。也许现在的你还没作好准备，但无论如何你要知道，我们所在的是一个处处充满挑战和竞争的商业世界，未来，你也要从这里出发。这对于你来说，将是一场人生盛宴，但怎么使用摆在你眼前的刀叉还有每一道菜肴，那完全要靠你自己。”

的确，在教育子女这一问题上，洛克菲勒从不娇惯孩子。在几个子女还很小的时候，洛克菲勒就有意识地不让他们知道自己的父亲是个富人，他常常向孩子们灌输的是勤俭节约、奋斗、独立等价值观念。因为他很清楚，如果让孩子从小就养成堕落、腐化的生活习惯，那么最终，这些孩子会变成不思进取、只知依赖父母果实的无能者。

的确，堕落、腐化的生活会剥夺一个人向上的、奋斗的激情，优越的成长环境也会带来一些性格缺陷，它们会影响你未来的婚姻家庭等生活状况，同时也影响着你的人际交往、职业升迁、事业发展……因此，年轻人，如果你也有依赖性格，就必须从现在起，靠自己的努力去克服。

香港巨富李嘉诚的名字早已家喻户晓，尽管他拥有亿万家财，但对于子女的教育问题，他一直比较重视，并且，他非常注重培养孩子的独立生活能力。他这样做，是为了让孩子练就靠自己生存的本事。

李嘉诚有两个儿子，就在他们还只有八九岁时，他们就遵循父亲的意思经常参加董事会，并且，他们不能只是旁听，还必须发表意见和见解。这样做的好处在于，他们能看到长辈们是如何处理公司事务的，从而能锻炼自己处理和分析问题的能力。

后来，他们都考上了美国斯坦福大学。毕业后，他们也曾向父亲表示想要在他的公司里任职、干一番事业，但李嘉诚断然拒绝了他们的请求。

李嘉诚是这样对两个儿子说的："我的公司不需要你们！还是你们自己去打江山吧，让实践证明你们是否合格到我公司来任职。"

于是，他们都去了加拿大，一个搞地产开发，一个去了投资银行。他们凭着从小养成的坚忍不拔的毅力克服了难以想象的困难，把公司和银行办得有声有色，成了加拿大商界出类拔萃的人物。

洛克菲勒和李嘉诚教育孩子的方法无疑是正确的。父母作为孩子成长的坚实后盾，永远在孩子的身后给予他最多的支持与信任，对孩子越早放手，越是父母对他们最大的爱。而从他们的教育方式中，年轻人自己也应该获得启示：凡事靠自己，形成独立的性格，才能真正成长为一个顶天立地的人。

我们不难发现，社会上还有一些富家子弟，他们受到了教育的"温室效应"的毒害。教育的"温室效应"主要是指受教育者受到各方面尤其是家庭方面的过分溺爱，造成他们任性固执、追求享受、独立性差、意志薄弱、责任感淡漠等弱点的心理现象。对于他们来说，破除对他人的依赖极为重要。

人生启示

不可否认，人生在世，总要或多或少地依靠来自自身以外的各种帮助，如父母的养育、师长的教诲、朋友的关爱、社会的鼓励……可以说，人从呱呱坠地那一刻起，就已开始接受他人给予的种种帮助了。然而，许多人却把自己立身于社会的希望完全寄托在父母和朋友的身上。这样的人，显然不可能在生活上自立自强、在事业上有所作为。有句话说：靠吃别人的饭过日子，就会饿一辈子。

第6章

时机篇——所有的怀才不遇都是因为你没有寻找和抓住机遇

生活中的每个年轻人，都渴望获得命运的垂青，都希望成为幸运儿，他们也有着远大的理想。但无论你的理想有多么崇高，要实现你的理想就必须勤奋努力，朝着目标一步一步地迈进，也就是洛克菲勒所说的：设计运气，就是设计人生。只有脚踏实地，一步一个脚印，最终才能厚积薄发，最终成就非凡的人生。

★设计运气，就是设计人生

洛克菲勒曾说过这样一句话：“设计运气，就是设计人生。所以在等待运气的时候，要知道如何引导运气。”这句话的含义是，我们都强调运气的重要性，但有无运气还要靠我们自己设计。一些人注定为成为令人炫目的王者或伟人，就是因为他们非凡的才能。生活中，任何一个渴望成功的年轻人，如果你渴望得到运气的垂青，那么，你首先要做的就是作好积累、充实自己的内在，只有明白如何引导运气，才能让运气为自己带来成功。

老麦考密克先生是美国工业家、发明家，近代收割机的发明者之一，他是洛克菲勒的老朋友。洛克菲勒曾开玩笑说：“他长着一颗能制造运气的脑袋，知道如何将收割机变成收割钞票的镰刀。”

的确，老麦考密克永远是位野心勃勃且具商业才能的实业巨子，他用收割机解放了美国农民，同时也把自己送入了全美最富有者的行列。法国人似乎更喜欢他，盛赞他为“对世界最有贡献的人”。

老麦考密克先生也说过和洛克菲勒同样的话：“运气是设计的残余物质。”麦考密克洞悉了运气的真谛，打开了运气的大门。

当我们观察成功人士的环境时，会发现他们的背景各不相同。那些大公司的经理、著名的传教士、政府高级官员以及各行业的知名人士都可能来自贫寒、破碎的家庭，偏僻的乡村甚至于贫民窟。这些人现在说是社会上的领导人物，但他们的成功无不是源于努力，无不是通过超乎常人的努力而获得的。

因此，任何一个渴望成功的年轻人，要做到引导运气，你就应该明白：机遇总是会留给那些有准备的人，你不但要有破釜沉舟的决心，还要有缜密的思维和计划。

全世界最早的现代成功学大师和励志书籍作家、曾经影响美国两任总统及千百万读者的成功学大师拿破仑·希尔深知成功就是一连串的奋斗，对此他特意讲了一个故事：

“我最要好的朋友是个非常有名的管理顾问。一走进他的办公室，马上就会觉得自己‘高高在上’似的。办公室内各种豪华的摆设、考究的地毯、忙进忙出的人潮以及知名的顾客名单都在告诉你，他的公司的确成就非凡。但是，就在这家鼎鼎有名的公司背后，藏着无数的辛酸血泪。他在创业之初的头六个月就把十年的积蓄用得一干二净，只能一连几个月都以办公室为家，因为他付不起房租。他也婉拒过无数的好工作，因为他坚持实现自己的理想。他也被顾客拒绝过上百次，拒绝他的和欢迎他的客户几乎一样多。就在整整七年的艰苦挣扎中，我没有听他说过一句怨言，他反而说：‘我还在学习啊。这是一种无形的、捉摸不定的生意，竞争很激烈，实在不好做。但不管怎样我还是要继续学下去。’他真的做到了，而且做得轰轰烈烈。我有一次问他：‘把你折磨得疲惫不堪了吧？’他却说：‘没有啊！我并不觉得那很辛苦，反而觉得是受用无穷的经验。’看看‘美国名人榜’的生平就知道，这些功业彪炳千秋的伟人都受过一连串的无情打击。只是因为他们都坚持到底，才终于获得了辉煌成果。”

拿破仑·希尔正是希望通过这个故事，告诉生活中的年轻人们，天下没有不劳而获的事，成功需要一连串的奋斗，不管遇到何种困难，都能做到不忘时刻积累经验、总结教训、不断学习的话，那么即使失败，也可更上一层楼，你也一定可以实现你的理想。

新时代的任何一个年轻人，都是渴望成功，渴望闯出自己的一片天地的，但成功并不是坐等机遇，而是应该为梦想付诸行动，精心策划每一步。只有经过缜密的计划，你才会成功！

人生启示

可能你认为，运气是与生俱来的；一个人在职务上的升迁、在商海中势如破竹，或在某一领域取得成功，你也会认为是运气所致。然而，真实情况却并不是如此。每个人的命运都掌握在自己手里，他们之所以“走运”，是因为他们不懈努力以及精心策划了自己的人生。

★不幸来临时，想尽一切办法寻求希望

洛克菲勒曾说：“我总设法把每一桩不幸化为一次机会。”的确，任何一个人，任何一家企业，都有可能遇到危机，都有可能遇到不幸，我们如何看待不幸、如何处理危机，直接关系到我们能否寻找到出路。可以说，洛克菲勒的创业史处处充满了危机，他曾经历过资金危机、炼油厂失火、政府污蔑等，但最终，他都凭强大的自信、强有力的危机处理能力最终让企业转危为安。

英特尔公司前CEO安德鲁在价值五亿美元的有缺陷的英特尔奔腾芯片

必须被召回并更换的灾难性事件后，在其自传《只有偏执狂才能生存》一书中说道，商业成功饱含自身毁灭的种子。因为商业环境变化不是一个连贯的过程，而是一系列亮点或者“战略转折点”，一家公司运营的基础突然发生变化并且没有预先的警告，这些点的出现可能意味着新的机会或者是终点的开始。

生活中的年轻人，你应该记住洛克菲勒的话，其实，所有的坏事情，只有在我们认为它是不好的情况下，才会真正成为不幸事件。只要能够从坏中看到好的一面，采取有效的措施扭转这个趋势，耐心地找准一个方向，就一定会别有洞天。这样不仅能解一时之围，更能找出你自身存在的问题，使自己赢得更持久的能力。

我们先来看下面一个事：

英国航空公司也曾遇到过一次危机。有一次，一架由伦敦经纽约、华盛顿的英航班因为机械故障，在纽约被迫降落后禁飞。乘客对此极为不满，对英国航空公司怨声载道。该公司立即调度班机，将63名旅客送到了目的地。当旅客下机时，英航职员向他们呈递了一份言辞恳切的致歉信，并为他们办理退款手续。尽管英航因此损失了一大笔钱，却收获了力挽狂澜的功效，大大弱化了乘客的不满情绪。英航的这一举措被人们广为流传，这不仅未损害、反而大大提高了英航的声誉。此后，英航的乘客一直源源不断。

通过自己的高明手段，英航在危机面前得以化被动为主动。这得益于英航面对危机的一种快速反应能力和积极处理问题的能力。

因此，如果你遇到了事业上的危机，要想使危机变机遇，就必须具备处理危机问题的能力。为此，你必须做到：

1.蔑视危机

这有利于增强解决危机的自信心。危机既然是客观事实，那么，关键问题是加以解决，而不是手忙脚乱、大失方寸。所以要战胜挫折，首先必须要有坚强的意志和高度的自信心。因此，如果你是一名团队领导者，除了自身要有强大的心理承受能力外，还要鼓励员工，因为一旦军心涣散，解决危机的难度就会无形中加大。

2.分析问题，找到问题背后的机遇

这一点，需要你具备全面看待问题的眼光和运用独特思维的能力，也就是设法找到突发事件的根本原因，然后转换思维，并采取一些应急措施。这样既能消除危机，又能为自己赢得机遇。

人生启示

任何事件的危机中，都蕴含着机遇和毁灭的种子，只要积极面对，从危机中看到希望，我们就能找到突破口，为自己寻找到出路。

★别冲动，盲目下手只会带来失败

洛克菲勒曾说过：“一切事情，你要搞清楚它的来龙去脉，你得亲自去看……盲目下手的人是捞不到好处的。”这句话和洛克菲勒一直奉行的做事原则——少说多做不谋而合。他有着超强的自信，越临大事越冷静。在教育子女时，他也一直告诫孩子们凡事要脚踏实地动手去做，而不能眼高手低。同样，生活中的年轻人，从洛克菲勒的话中，你也应该有所启示。可能你有很多梦想，也曾为自己编织美好的未来，希望自己成为某个行业的精英，或拥有自己的事业等。你们曾被灌输理想对人生的作用和价值：树立理想是好事，它可以匡正你的言行，让你的努力都有一个明晰的主线等。但无论如何，你千万要记住，只有脚踏实地而非盲目行动才是实现梦想的唯一途径。对理想的憧憬，也千万别过了头。

曾经有哲人说过，“梦想指引我们飞升”。我们都知道梦想的伟大力量，但把梦想变为现实只有一个方法，那就是行动。曾经有这样一个故事：

早川德次是日本著名的早川电机公司的董事长，这家公司因为生产著名的夏普电视机而闻名于世。而早川德次却是一个命运坎坷的人，还在小学二年级时，他的父亲就去世了，他不得不去一家首饰加工店当童工。

早川是个坚强的人，在他很小的时候，他就告诉自己：“即使我没有疼爱我的长辈，我也一定要努力生活，做出一番成绩来。”

童工生活是辛苦的，他在首饰店每天的工作除了烧饭带孩子就是干一些体力活。时间过得很快，一晃四年过去了，有一次，小早川终于鼓起勇气向老板提出：“老板，请您教我一些做首饰的手工好吗？”

老板一听，生气地对他说：“小孩子，你能干什么呢？你喜欢学的话，自己去学好了！”

早川一想，是啊，为什么要靠别人，自己去学吧。于是，从那以后，他开始留心店里的技术活，尤其是当老板找他帮忙时，他都尽量多看、多想，这样，他终于靠自己的努力学到了一些关于工作上的知识和技能。

功夫不负有心人，他成为了一个耳聪目明的人，18岁他就发明了裤带用的金属夹子，22岁时发明了自动笔。他有了发明，老板便资助他开了一家小工厂。

这种自动笔很受大众喜爱，风行一时。世界没有给他任何东西，但他却给世界很多。30岁时，在他赚到1000万日元以后，就把目标转向收音机界，创立了平川电机公司。

早川德次为什么能够成功？因为他能够从零学起，能把梦想归于实践。年轻的朋友们，也许现在的你也有很多梦想，你可能希望自己能成为一名著名企业家、一名人民教师、一名歌唱家等。但无论如何，你要知道，理想不同于妄想和幻想，目标要切实可行，行动要脚踏实地。这样，你离你的梦想就不远了。而如果你每天把大把的时间都花在了展望自己的未来中，而不制订实现梦想的计划，那么，你的梦想最终也只会遥遥无期。

爱因斯坦说："人的价值蕴藏在人的才能之中。在天才和勤奋两者之间，我毫不迟疑地选择勤奋，它几乎是世界上一切成就的催产婆。"梦想的实现是一个过程，是将勤奋和努力融入每天的生活、工作和学习中，它没有捷径，它需要脚踏实地。

的确，没有人可以在脱离行动之外就能收获成功，真正的喜悦也是来自实践过的经历。心理学家认为，当人们尝试着估计自己能从未来的经历中获得多大的乐趣时，他们已经错了。人生只有经历过，才能品味出真实的味道，也只有脚踏实地地看待生活，才能活出自己。

一直以来，人们都赞赏那些有伟大梦想、眼光长远的人，但很多人在憧憬未来时，难免有几分浮躁之气。有时候，当事情还没做到一半时，他们就认为自己已经大功告成，开始飘飘然了。总之，年轻人，你需要记住的是，急功近利，只讲速度，不讲质量，看不起眼前的小事，认为如此做不出什么名堂来，没有什么意义等，是不能获得成功的。

人生启示

生活中，那些成功者往往是那些做“傻”事的笨人，而输得最惨的也是那些聪明人。那些笨人深知自己不够聪明，所以他们努力学习、埋头苦干，最终他们如愿以偿了。而聪明人做事时则不肯下力气，总想着耍小聪明，投机取巧，所以往往输得很惨。所以智慧和实干比起来，实干更加不可或缺。

★在没有想好最后一步之前，就永远不要迈出第一步

洛克菲勒曾说：“没有想好最后一步，就永远不要迈出第一步。”这是一种思维的远见性。在生活中，我们也常听老人说：“做事之前就要想到后面四步。”其实，每向前走一步，我们都需要相应对的方法，如果不能看得那么远，至少我们需要看见下一步。的确，我们做事情，不仅需要稳当、周全，而且不要急于求成，更不要被眼前的小事所累。在时机未成熟之前，我们一定要把持住自己。一个成大事的人，眼光总是比身边的人看得稍远一点。因此，每个年轻人，纵使现在的你还年轻，也应有意识地训练自己的思维，凡事多考虑，尽量做到思虑周全，这样能帮你少走很多弯路。

洛克菲勒曾经告诉他的儿子小约翰：要善于制订计划，计划能帮助我们知道想要什么，能达到什么成果。同时，应珍惜时间，因为每一刻都是关键，都能影响生命的过程。在下决心之前，不需要太急促；遇到重要问题时，如果没有想好最后一步，就永远不要迈出第一步。要相信总有时间思考问题，也总有时间付诸行动，要有促进计划成熟的耐心。但一旦作出

决定，就要像斗士那样，忠实地去执行。

从洛克菲勒的话中，我们看出来一点：在作决策之前，一定要反复思考，思维要有远见。著名的美孚公司曾做了一次赔本买卖，可是，从最后的结果来看，它虽然放弃了眼前的利益却收获了长远的发展，使小利变大利、利滚利、利翻利，先前看似赔本的“买卖”，最终却收获了高额的利润。这是商业中的一种计谋，也是每一个人需要的智慧。有时候，之所以需要我们学会自控，不要被眼前小事影响，其实是为了以后更长远的发展。

在近代历史中，曾国藩无疑算是一个有远见的人，在任何时候，他都不为眼前小事所累，其最终的理想抱负是“修身、治国、平天下”，誓死效忠于清廷。

1858年，在清政府的不断催促下，曾国藩第二次戴孝出山。届时，他率领了湘军，经过6年的艰苦奋战，终于攻克了金陵。这一次胜利，宣告了太平天国运动的结束，平定了天下。而另一方面，由于湘军号称30万大军，意味着清朝的军权第一次从满人转移到了汉人手中。这时，曾国藩的名声与威望都达到了顶峰。

在弟弟曾国荃看来，这是多么令人兴奋的事情，大好的利益就在眼前，于是，他极力鼓动哥哥曾国藩“自立”。不仅如此，其他一些曾随着曾国藩出生入死的将领也一起暗示要拥立他为皇帝。究竟是继续做万人景仰的中兴名臣，还是冒着成为乱臣贼子的风险君临天下，曾国藩为此思考了很久很久。

其实，最初同治皇帝曾作出承诺，谁能解除太平天国对清朝的威胁，谁能够打下南京谁就封王。可是，等到曾国藩真的打下了南京，功高震主又手握兵权时，同治皇帝却失言了，他只封了曾国藩“一等毅勇侯”。

“飞鸟尽、良弓藏”的道理，曾国藩自然明白。最后，经过思考之后，他作出了惊人的决定，自剪羽翼，调散了湘军。忍耐一段时间之后，他重新找准了自己的位置。

历史证明，曾国藩的确是一位深谋远虑之人。在当时的情况下，皇帝宝座无疑是眼前最大的利益，在当时的情况下，他完全有能力、有实力自立为王，但他却把持住了自己，没有轻举妄动。这是为什么呢？曾国藩确实很有远见，虽然攻破了南京，但他已经分清了当时的局势：清政府派遣了许多将领驻扎在长江，一旦自己叛乱，定然会遭到反击；而且，清政府已开始有意识地培养自己身边的将领，分化湘军内部的力量，如果真的自立，那些将领绝不会与自己同谋。另外，曾国藩的最初梦想便是报效国家而不是自立为王。所以，即便是在功成名就之后，他依然不去享受成功带来的喜悦，而是以长远的眼光，忍耐在皇权下为官。

在现实工作中，小到一个职员，大到一个公司，都需要有长远的打算，如果你只着眼于眼前的小恩小惠，那迟早有一天你将被利益所吞噬，职场生涯同时也会宣告结束。其实，即便是再不起眼的工作也不能含糊，对于每件事情都需要我们的谋算。将自己的眼光放得更长一些，不为眼前的小事所累，把持住自己，这样我们的职场之路才会走得更远。

然而，现实生活中，有些人却鼠目寸光，吃不得眼前亏，心胸狭隘，容不得一点损失，最终，他们难以成就大事。

可见，对于年轻人来说，在做每一件事情时需要有更长远的眼光，不计较眼前的小事，而是关注于长远的发展，从而达到舍小利而保大局的目的。

人生启示

俗话说："不飞则已，一飞冲天；不鸣则已，一鸣惊人。"在既成的局面下，我们只有控制住自己，然后不断地提高自己的能力，等待机遇的到来，再迅猛出击，奋起拼搏。

★天赐的运气并不能带来财富

在西方，有一句家喻户晓的名言：我不靠天赐的运气活着，但我靠策划运气发达。它出自美国资本家、20世纪第一个亿万富翁——约翰·戴维森·洛克菲勒。这句话的含义是：要成为什么样的人，拥有怎样的人生，取决于我们怎样策划自己的人生，而不是把命运交给运气。生活中的任何一个年轻人，都应该记住洛克菲勒的这句话，并学会为自己的人生添砖加瓦。

"我承认，就像人不能没有金钱一样，人不能没有运气。但是，要想有所作为就不能等待运气光顾。我的信条是：我不靠天赐的运气活着，但我靠策划运气发达。我相信好的计划会左右运气，甚至在任何情况下，都能成功地影响运气。"这是《洛克菲勒给儿子的38封信》中洛克菲勒的原话。关于这一点，他还讲述了自己年轻时在石油界的一次变竞争为合作中的经历：

在洛克菲勒进军石油界的开始阶段，整个石油业一片混乱。在克利佛兰，超过百分之九十的炼油企业在竞争中已经撑不下去了，对于他们来说，最大的出路就是把厂子卖掉，否则，他们只能走向灭亡。洛克菲勒认为此时正是收购对手的好机会。

这并不涉及良知问题，因为他深知，商场本来就如同战场。他选择收购的第一个目标就是他最强劲的对手——克拉克·佩恩公司，一直以来，这家公司都想吃掉洛克菲勒的炼油厂。

先下手为强，洛克菲勒很清楚这个道理。于是，有一天，他主动会见了这家公司的负责人，也就是洛克菲勒中学时代的老友——奥利弗·佩恩先生。洛克菲勒阐述了石油界的现状：石油业混乱、低迷的时代该结束了。为保护无数家庭赖以生存的这个行业，他要建立一个庞大、高绩效的石油公司，并欢迎老友入伙。最终，洛克菲勒的计划打动了佩恩，最后他同意以40万美元的价格出售公司。

当然，洛克菲勒心知肚明的是，对方这家公司根本不值这个价钱，但洛克菲勒并没有指出来，因为这场收购计划意味着自己将取得世界最大炼油商的地位，将为迅速把克利佛兰的炼油商捏合在一起充当强力先锋。

事实证明，洛克菲勒的做法是正确的，在接下来不到两个月的时间里，有22家竞争对手愿意归属到标准石油公司的旗下，并最终让洛克菲勒成为了那场收购战的大赢家。而这一成果又给了他新的动力，在此后三年时间里，他连续征服了费城、匹兹堡、巴尔的摩的炼油商，成为了全美炼油业的唯一主人。

“今天想来，我真是幸运，如果当时我只感叹自己时运不济，随波逐流，我或许早已被征服掉了。但我策划出了我的运气。”

听完洛克菲勒的故事，也许我们就不再感叹为什么他有着惊人的商业头脑了。正如他告诉自己儿子时候这样说：我们若想让自己好运连连，我们必须要精心策划运气。而策划运气，需要好的计划，好的计划一定是好的设计，好的设计一定能够发挥作用。

的确，世界上什么事都可以发生，就是不会发生不劳而获的事。那些随波逐流、墨守成规的人，最终与成功无缘。实际上，那些成功者，无论是企业家、高官，还是个体经营者、厨师、建筑设计师，他们的成功都是来自于他们在自己岗位上的努力付出，他们的成功也都有个相同点，就是都沿着自己命运的方向，努力地建筑自己。而不成功的人都有两个共同点，就是不知道自己能成为怎样的房屋，也没努力地为自己添砖加瓦。

那么，我们该怎样策划自己的运气呢？

洛克菲勒告诉我们，在构思好设计时，要首先考虑两个基本的先决条件：第一个条件是清楚知道自己的目标，也就是你想成为什么样的人的问题；第二个条件是知道自己手头有什么资本，如地位、金钱、人际关系以及能力。并且，这两个条件并没有什么绝对的先后顺序，甚至我们可以将其糅合，最终形成自己的计划，而剩下的东西就是用手段与时间去填充，以及等待运气的来临了。

总之，年轻人们，我们需要记住洛克菲勒的话，设计运气，就是设计人生。所以在你等待运气的时候，你要知道如何引导运气。

★任何事情都需要我们的钻研

洛克菲勒曾对自己的儿子说：“任何事情你钻得越深，它就越来越引人入胜，就越来越重要。”这句话的意思是，做任何一件事，只有做到深入钻研，坚持下去，才能取得傲人的成绩。

洛克菲勒曾经讲过一些自己和钢铁大王卡内基的故事。卡内基称洛克菲勒是个对钢铁行业一窍不通的人，是全美最失败的投资者，而在洛克菲勒看来，一个真正懂得投资的人，是不会在意价格而只会在乎价值的人。“在别人不把你高看为对手的时候，就是你为未来竞争赚得最大资本的时候。”洛克菲勒的确是个投资高手，很快，他控制了美国的铁矿，成为了全美最大的铁矿石生产商，一举取得了支配地位。此时的卡内基坐不住了，不得不低声下气地向洛克菲勒求和。

洛克菲勒说得对，在投资行业，价值重于价格，这就是他控制美国铁矿行业的秘诀。

生活中的年轻人，现在的你可能正在从事一项简单、烦琐的工作，你感受到了前所未有的压力，觉得自己的前途渺茫。但请你记住，只要你坚持下去，把自己的工作做精，你就能做出成绩来；而如果你总是浅尝辄止，总是认为手头的工作不重要，那么，你永远也不可能成为某一方面的专家。那样，你又怎么可能抓住机遇、最终实现厚积薄发呢？

20世纪80年代，美国有一家著名的机械制造公司叫维斯卡亚公司，这家公司生产的产品远销全世界，因此，它实力雄厚，并代表着当时重型机械制造业的最高水平。大公司门槛高这句话是有道理的，很多毕业生都到这家公司求职，但都被无情地拒绝，因为该公司的高技术人员爆满，不再需要各种高技术人才。但丰厚的待遇和令人羡慕的社会地位还是让很多人削尖了脑袋前来求职。

这群求职者里有个叫史蒂芬的人，他是哈佛大学机械制造业的高材生。和许多人的命运一样，他在该公司每年一次的用人测试会上被拒绝了。但史蒂芬并没有死心，他发誓一定要进入维斯卡亚重型机械制造公司。于是，他决定先“混”进这家公司再说。他先找到公司人事部负责人，提出可以无偿为这家公司提供劳动力，只要能让他进这家公司，哪怕不计报酬，他也能完成公司安排给他的任何工作。这位负责人，起初觉得这简直不可思议，但考虑到不用任何花费，于是在利益的引诱下，这位负责人便答应了，并安排他去车间扫废铁屑。

这份工作是没有报酬的，史蒂芬还得养活自己，于是，一年的时间，他白天在这家公司勤勤恳恳地工作，晚上还得去酒吧打工。

令史蒂芬失望的是，虽然他得到了所有同事和负责人的认同和好感，但公司并没有提及正式录用他的事。但机会很快来了。那是90年代初，公司的许多订单纷纷被退回，理由均是产品质量问题，为此公司蒙受了巨大损失。公司董事会为了挽救颓势，紧急召开会议商议对策。当会议进行很长时间却未见眉目时，史蒂芬果断地闯入会议室，提出要见总经理。

在会上，史蒂芬慷慨陈词，对公司出现这一问题的原因作了令人信服的解释，并且就工程技术上的问题提出了自己的看法，随后拿出了自己对产品的改造设计图。这个设计非常先进，恰到好处地保留了原来机械的优点，同时克服了已出现的弊病。总经理及董事会的董事见到这个编外清洁工如此精明在行，便询问了他的背景以及现状，随后，史蒂芬被聘为公司负责生产技术问题的副总经理。

原来，史蒂芬这是一种退而求其次的办法。当他被拒绝后，他想方设法留在这家公司，是为了更彻底地了解这家公司。于是，他在做清扫工时，利用清扫工到处走动的特点，细心察看了整个公司各部门的生产情况，并一一作了详细记录，发现了所存在的技术性问题并通过认真仔细的钻研，想出了解决的办法。为此，他花了近一年的时间搞设计，获得了大量的统计数据，为会上的出色表现奠定了基础。

史蒂芬为什么能一举成功，让公司高层领导对其能力加以肯定并由一名小小的清洁工成功晋升为技术问题副总经理？原因很简单，他懂得厚积薄发，伺机而动。他做足了充分的准备工作，在该公司最需要自己的时候及时出现，以自己过硬的专业知识帮其解决了技术难题。我们设想一下，假如他空有为公司担当的勇气并没有一个完备的表现自己的计划，没有过硬的实力，那恐怕这种表现只会适得其反。

因此，任何一个年轻人，只要你能看到持续的力量，懂得深入钻研问题的重要，就能最终战胜各种困难。经历了风雨的洗礼后，我们就会看到雨后绚丽的彩虹。

人生启示

在某一行业或者某个领域内做精、学精，远比涉猎众多领域来得更有效用。厚积才能薄发，任何一个年轻人，都需要在自己的领域里沉淀下来，只有这样，你才有抓住机遇、一飞冲天的可能。

第7章

处世篇——内圆外方，方圆有道则进退自如

生活中的每一个年轻人，在很小的时候，就接受了父母长辈们传授的为人处世的知识，而现在出入社会的你，是否懂得为人之道呢？对此，洛克菲勒以一位长者、领导者和一位成功者的身份告诉我们：真诚待人，才会获得真心；羽翼不丰时，“忍”字为上；沉默是金，学会把他人的侮辱当成前进的动力；学会赞美别人，把赞美当成最好的礼物送给别人……总之，先做人后做事。每个年轻人，都应当把如何将自己历练成一个成功的社会人作为平时要做的功课之一。

★你想让别人怎样对待你，你就怎样对待别人

洛克菲勒曾说过这样一句话：“想让别人怎样对待你，你就怎样对待别人。”这句话和中国人常说的“人敬我一尺，我敬人一丈”有异曲同工之妙，意思就是，如果我们希望获得友谊，那么先要伸出友谊之手；如果我们希望别人真心待我们，那么首先要付出真心。的确，人与人之间的情感都是双向的，每个年轻人，都要记住洛克菲勒的这句至理名言，因为你只有先学会“做人”，才能做成事。

洛克菲勒曾经有个合伙人叫亨利·弗拉格勒，几十年来，他们亲如兄弟。他曾说，他与亨利之所以有不悔的合作和永远的友谊，不仅仅在于他们是追逐利益的共谋者，更重要的是，他们都是严于律己的人，他们都知道“要想让别人怎样待你，你就怎样待别人”以及从现在做起的价值。

洛克菲勒曾对自己的儿子约翰说：“我从不尝试去买卖友谊，因为友谊不是能用金钱买来的。友谊的背后需要真情的支持。”

其实，不仅对自己的好友如此，洛克菲勒对于自己的员工乃至自己的竞争对手，都表现得很和善，从不盛气凌人。标准石油公司的员工们对洛克菲勒的印象永远都是很有耐心、很温和的，因为他知道这样做的价值：

下属和员工是利益的创造者，金钱可以买到人才，却买不到人心。只有尊重员工，他们才会忠心地为自己服务。

在洛克菲勒看来，无论是合作伙伴还是员工，只要以诚相待，都可以成为朋友。因为他一直将“己所不欲，勿施于人”作为他自己的行为准则。

生活中的年轻人，人生经验尚浅的你也应该记住洛克菲勒的忠告，无论说话、做事都应该顾及别人的感受。不难发现，那些位高权重、自以为是的人，似乎都是高高在上的“孤家寡人”；而那些没有架子、说话办事善解人意的人往往更能赢得他人的好感。其实，其根本原因就在于他们有没有做到与人为善。

富兰克林少年时十分狂傲，凡是与他意见不同的人，都要遭到他的侮辱。后来，他及时改变了怪僻、好辩的性格，不再给人难堪，而是坦然接受反驳他的所有正确言论；在与人交谈时，他也和气了许多。这种转变，使他结交了很多朋友，最终成为易于掌握公众言论的政治家。

在社交活动中，与人为善的人永远会得到别人的认同，因为大概谁也不会反感被别人喜欢。

在一个激烈竞争的环境中，人人都希望成功，希望出人头地。这种进取之心确实可贵。但无论你处于何种社会和职场地位，有了何种成功，你都要保持低姿态，多顾虑别人的感受。为此，你应注意以下几种情况：

1.不炫耀自己的成功

每个人都有点虚荣心，每当自己取得一定的成就或达到某个目标后，难免会产生一些优越的心理，但你千万不要在其他人面前表现出来，更不要借机贬低、挖苦别人。言者无意，听者有心，你一句炫耀的话很可能就伤害了别人，从而让别人产生嫉恨的心理。

2.保持和善的说话习惯

日常交往中，懂得说话技巧的人，一定是一位和蔼可亲、平易近人的人。他一定会善解人意，无论自己失意还是得意，都会察言观色，把自己和善的一面展现给别人，让人感觉他没有架子，这样的人一般都会有良好的人际关系。

3.表达真诚

一个说话真诚的人，更容易让人相信、亲近。很难设想，那些冠冕堂皇、虚情假意的话能让人产生亲近感。因此，即使对话双方身份不同、处境各异，只要说的是坦率的、真诚的、发自肺腑的话，往往都能起到感动人心的作用。

4.站在对方角度说话

如果与人对话时多从沟通的角度出发，多一点将心比心的理解，多说一点善解人意的话，那么，语言表达就容易引起对方的共鸣，一种独特的亲和力也就寄寓其中了。例如，当对方正遭受某种不幸时，你应当感情真挚地表达自己的理解，你可以说："你的心情我能理解……"而假如你漠不关心的话，对方就会认为你是个冷漠的人。

5.有容人之量

如果你是领导者，请千万记住，无论你的下属做错了什么，都不要让你的坏脾气毁了自己的形象。另外，如果你很生气，尽管生气，只是别在气头上轻言处罚。因为在气头上所说的话，往往会造成不便以及尴尬，使你后悔莫及，甚至终生遗憾；而当你义愤填膺的时候，你要想方设法让自己冷静下来，并对下属说："我明天和你谈，再决定怎么办"。否则，气头上的任何决定多半会起到反作用，使犯错的人丧失颜面与自尊，也会在对方心理上造成阴影而拒绝与你进一步交往，而且他日你反躬自省的时候，对方不一定给你补偿的机会。

人生启示

年轻人，血气方刚并不代表你有趾高气扬的权利，尊重别人并不代表你的懦弱，蔑视别人也不能表示你的强悍。争取最多人的支持，拥有良好的人际关系才是人们成功的最坚强的保障。在人与人之间的交往中，需要理解、信任与尊重。

★忍耐不是忍气吞声，更不是卑躬屈膝

在生活中，在某种情景下，看似委曲求全，实则却是将整个局面运筹帷幄之中，这样的人才是大智者。大凡做出一些成就的人，他们必定会经受一些磨难，吃尽苦头，然后才能等到出头之日，一鸣惊人。洛克菲勒就是这样一个人，他后来用自己的经历告诉所有年轻人："忍耐并非忍气吞声，也决非卑躬屈膝。忍耐是一种策略，同时也是一种性格磨炼，它所孕育出的是好胜之心。"

洛克菲勒是个崇尚平等的人，他不喜欢他的合伙人克拉克居高临下、发号施令的态度。在遇到一些需要商量的问题时，克拉克总是摆出一副趾高气扬的架势，从不把洛克菲勒放在眼里，在他看来，洛克菲勒似乎并不是自己的合伙人，而是一个打杂的小职员，他甚至贬低洛克菲勒除了管钱和记账外一无所能。这是公然的挑衅，但洛克菲勒知道容忍的重要性，于是，他装作充耳不闻，因为他知道自己尊重自己比什么都重要。但是，那个时候，洛克菲勒就在告诉自己：超过他，你的强大是对他最好的羞辱，是打在他脸上最响的耳光。

当然，最后，洛克菲勒做到了，他也终止了和克拉克的合作。

在这个过程中，他不断地忍耐着痛苦与辛酸，包括精神上的、身体上的。在那些痛彻心扉的日子，他咬着牙，将滴落的血吞进肚子里。有时候，为了完成自己心中的理想，他可能会需要寄人篱下，甚至遭人白眼，受人讽刺，但他都忍耐了过来。在这个过程中，他好像在委曲求全，但实际上却是运筹帷幄。因为他知道，自己的忍耐只需要等到一天，等到可以出头的那一天，一旦到了有利的时机，自己就可以将所有的计划付诸实践。那么，自己以前所受的所有苦难都是值得的，因为它们已经凝结成了耀眼的成功的光环。

洛克菲勒为什么能做到在羞辱面前容忍让步呢？因为他考量了当前的形势：对克拉克大发雷霆不仅有失体面，更重要的是，它会给合作制造裂痕，甚至让对方把实力尚且弱小的自己一脚踢出去；而团结则可以形成合力，让双方的事业越做越大，他个人的力量和利益也必将随之壮大。

生活中的每一个年轻人，也要记住洛克菲勒的忠告：在任何时候，冲动都是我们最大的敌人。如果忍耐能化解不该发生的冲突，这样的忍耐永远是值得的。

相传，越王勾践战败后，他接受了大臣文仲的建议，收买了吴国太宰伯丕，向吴王夫差称臣纳贡求降，越王和王后到吴国给夫差为奴做妾。夫差答应了，却在吴国对勾践夫妻极尽羞辱。勾践在夫差面前一副感恩戴德五体投地的奴才相，嘴里还感激夫差不计前嫌以德报怨，宽宏仁慈。勾践在夫差面前表现得十分恭敬，称自己为贱臣，小心翼翼，百依百顺。夫差要上马，勾践就跪下来让夫差踏在自己的背上；夫差生病了，勾践在夫差面前寝食难安，问病尝粪，嘴里一边吃着夫差的大便，还一边说出自己的忠诚之志："恭喜大王，大王的病就快好了。"

就这样，勾践以自己的忠诚打动了夫差，夫差终于下令让勾践回到越国。勾践回到越国之后，立志要报仇雪恨，他唯恐眼前的安逸消磨了自己的志气，于是在吃饭的地方挂上一个苦胆，每逢吃饭的时候，就先尝尝苦味，并问自己："你忘了会稽的耻辱了吗？"他还把席子撤去，用柴草当作褥子，这就是后人一直传诵的"卧薪尝胆"。

在吴王夫差面前，勾践简直跟奴才差不多，甚至比奴才更卑贱，不仅受到了夫差的百般侮辱，嘴里还感激夫差不计前嫌以德报怨，并自称"贱臣"。这样的姿态，比委曲求全更甚，所受的侮辱和苦难不是普通人所能及的，但勾践都一一忍耐了过来。其实，他早就有了复国大计，之所以在夫差面前百般受辱，那是为了赢得夫差的信任，这样自己就可以早日回到越国去施行复国大计。那看似的委曲求全，实则是一个计谋，勾践早已经将整个计划运筹帷幄于手掌之中。于是，这才有了后面"勾践灭吴"的故事。

当然，年轻人，忍耐，也是有目的的，如果一个人是毫无目的地忍耐，不管遇到何人何事都采取忍耐的态度，那这样的忍耐就是愚蠢的。在忍耐的同时，我们应该问自己"为什么忍耐"、"忍耐需要达到什么样的目的"。当心中有计划，那就必须忍耐；羽翼未丰，也需要忍耐。这样的忍耐是一种智谋，因为在委曲求全忍耐的同时，他早已经将所有的计划掌控于胸中，忍耐不过是为赢得最后成功争取时间而已。

人生启示

任何一个人在追寻目标的过程中，都将注定经历不同的苦难、荆棘，那些被困难、挫折击倒的人，他们必须忍受生活的平庸；而那些战胜苦难、挫折的人，他们能够突出重围，赢得成功。对于生活中的我们来说，需要明确自己的目标，而且朝着目标前进，并要在追寻目标的过程中，学会忍耐，因为忍耐是一种对胜利的执着。

★遭遇不公正的指责，沉默应对

人活于世，就难免会受到一些伤害，不但偶尔会遭受到肉体上的伤害，而且更多的是时常要遭受到尖刻的语言攻击。当一个人的脸上挨了耳光的同时，可能会有一百个人正在遭受语言暴力的袭击。肉体和精神同样受到伤害，感受却有明显的不同。显而易见，如果有人对你进行肉体上的伤害，你可以寻求法律的援助，进攻者给你留下的伤痕是你遇害的有力证据；然而如果你遭到语言暴力却截然不同：除非有人当众造谣诽谤你，你可以去告他诬陷罪，否则一般来说是没有什么机构可以为你申冤叫屈的。语言的戕害难以言表，它会滞留在你的心灵深处，因此你得到同情的机会微乎其微，更不易得到帮助。但是，如果我们能沉默不语，那么，对于那些指责我们的人，无疑是以最安静的形式给了对方最响亮的一掌。

对此，洛克菲勒曾说：“莫发一言！受不公正的指责时，莫发一言！”这句话也是要告诉我们适时沉默的重要性。

在西奥多·罗斯福执政期间，洛克菲勒就曾经受到一些极为不公正的指责。在洛克菲勒的家信中，他曾这样陈述这次事件：“我们的确受到了伤害，受到了极不公正的对待。西奥多指责我们是拥有巨富的恶人，那位法官大人侮辱我们是臭名昭著的窃贼，好像我们的财富是密谋掠夺来的。错！这些人只会纸上谈兵，他们又怎么知道我现在拥有的大企业是如何一步步建立起来的，我们的每一分钱里都有我们的汗水，更凝聚了我们的智慧。我向他们解释了太多，但他们根本不听，只相信自己那些弱智的判断，甚至用侮辱性的话来伤害我们，他们为什么不想想，他们现在用的照明灯，用的钢笔，都是我们这些所谓的恶人创造出来的呢……孩子，我们正在经受着前所未有的迫害，来自罗斯福政府的迫害。但无论怎样，我们要学会沉默，学会忍耐，绝不可感情用事。”

的确，在不公正的指责面前，最好的回应方式就是沉默，凡事不作过多的解释，便是最好的证据和回击的武器。你绝对不能因此而生气，更不能大动肝火，否则，你只能越描越黑，让他人产生很多无端的猜忌，另外，你也会因为这些空穴来风的话而大伤脑筋。

人生，只要不存在原则上的对立，就没必要有战争，没必要有硝烟，没必要有对抗，更没必要老死不相往来。人生需要更多的智慧，人生也必须有智慧能力解决问题。不以消灭对方或简单暴力结束彼此关系，可以给自己和冲突方最大的回旋余地，何乐而不为？例如，对待一位长舌妇，以牙还牙就失去了身份；一笑而过、沉默不语未必不是一种很好的还击方法，必将使之气滞羞愧。

英国前首相威尔逊曾在一次演讲中受到干扰，当时台下突然有人高声叫骂：“狗屎！垃圾！”

威尔逊急中生智，不慌不忙地说：“这位先生。请稍安勿躁。我马上就会讲到你所提出的关于环保的问题。”

威尔逊正是巧妙地把“垃圾”和“狗屎”两词故意曲解成“环保的问题”，以幽默赢得了听众的支持，使对方气得直咽唾沫也无计可施。

其实，退一万步讲，你遭到他人的恶语攻击也是有一定原因的，那些受人攻击的往往都是些任重道远的人，这种情况几乎在每个行业都一样，而它正说明了你的价值所在。随着你在职场的成功，事业的发达，你可能不会再为日常生活中的柴米油盐和孩子的学费发愁，也不再像事业初创时期那样疲于奔命，这时，又一个让你恼火的事情又扑面而来，那就是在社会上、在你的周围、在你的生活圈内，关于你的谣言四起，攻击你的语言风起云涌：今天有人说你得了一种很不好的见不得人的疾病，明天有人说你和某明星走得很近，后天又说你因为某件事情看破红尘一气之下遁入空门，甚至，说你昨天跟情人幽会出了车祸，如此等等，不一而足。面对种种谣传，你会怎么做？

要知道，受人攻击意味着你的重要。如果他是恶意的攻击的话，你可以一笑了之，不必担心，因为一定是你在某一方面做得很好，他可能是出于嫉妒的心理，这说明可能你在某些地方做得超乎他的想象。所以对于这一类人你可以不用管他，继续走自己的路，唱自己的歌，做自己应该做的事，完全没有必要进行什么所谓的“报复”。因为报复的代价实在是太高了，最终会自己伤到自己，你大可以放心做自己需要做的事。但如果那人是出于一片好心对你的言语攻击的话，就说明你在某方面做得不够好令他失望了，那你得首先要“负荆请罪”感谢他，然后找出自己的毛病来，并改正，努力做到最好！面对别人对你的语言攻击，尤其是让你生气的那一类攻击，只要你不生气，就是最好的反击；如果加上微笑，那就更完美了。

人生启示 沉默是金，来自于他人的无论何种目的的指责，沉默都能让我们免除争端，缓解矛盾。更重要的，它能帮助我们做到自我保护。

★纵情欢乐是愚者的乐趣

洛克菲勒说："我想不出还有什么事像纵情欢乐一生那样愚蠢的。"这句话就是要告诫生活中那些渴望成功的年轻人，要做事先要学会做人，要想成大事就要放弃享乐，纵情享乐是愚蠢的，更是悲哀的。

在这个过程中，他们放弃的就是暂时的享乐。但实际上，他们明白，他们最终会有守得云开见月明的一天，到那时，自己以前所受的所有苦难都是值得的，因为它们已经凝结成了耀眼的成功的光环。

杨润丹是美国杨氏设计公司的总裁。早年，她毕业于纽约大学的室内设计专业，后来在美国密歇根大学获得硕士学位。作为设计行业的领军人物，她已经从事设计工作三十年了，在工作中，她倡导创造高品质的生活，并将不同的潮流设计带入到室内外的设计中。与此同时，她所创造的品牌不断发展壮大，得到了越来越多人的支持与认可。

初识杨润丹，发现她是一个优雅恬淡的女子：细柔的言语、恬淡的笑容。但是，随着交谈的深入，很快发现她并不是一个柔弱的女子，她的骨子里有着一份比男人更强的坚韧、执着。在受传统思想影响的社会，一个女人想要做成事真的很难，她们往往比男人付出更多，却收效甚微。杨润丹说："我并不想做一个女强人，也不喜欢别人这样称呼我。在中国，大部分的女性都很优秀，而我只是找到了自己想要去坚持和努力的信仰，凭着那份坚韧与执着一步步走下去而已。”

早年，移居美国的杨润丹随着父亲第一次踏上中国的土地，后来，由于设计便常常往返于中国与美国之间。随着对中国的熟悉，心有志向的杨润丹决定在中国成立工程公司。刚开始创业的时候，她白天作设计，晚上去工地检查、指导、学习，回忆那段辛苦的日子，她说：“一个女人在中国在北京，我没有任何背景，没有任何关系，一开始赔了很多钱，无数次地想背包回去不来了。在那会儿我还生病，可是我想这么多人跟着你，人家把工作给你，就是相信你，所以，我只能成功，不能后退。”

杨润丹，就是这样一个懂得忍耐的女子，她心中的那份认真与执着，为其成功奠定了扎实的基础。

若是问到成功的秘诀，杨润丹坦言：“耐性是杨氏在中国成功的秘诀。”找准了自己的目标，在追寻目标的过程中，杨润丹更学会了忍耐，并将这份忍耐当作胜利的基础。当然，有了这份对胜利的执着，她最终迎来了成功。

的确，痛苦和快乐是一对相对的概念，前者是人们在生活中极力避免的，而后者则是人们努力追求的。而事实上，痛苦和快乐的意义仅仅在于它们提供了生存和发展的动力。真正的快乐是来自于灵魂的丰满，一个内心充实的人便是快乐的，而享乐主义则把人生目标的影子当成了人生目标。其实，一个人之所以会在一生中交替出现快乐和痛苦，是因为在他内心世界中，感性和理性所占的份额不同：当感性强于理性，必导致失败的痛苦；反过来，人就是快乐的。也就是说，如果我们能控制自己的享乐心态，那么，我们便能消减痛苦；而如果我们任由享乐主义侵占自己的心灵，那么，这才是人生最大的痛苦。

在人生发展的道路上，我们如何选择继续往前走，决定了我们生命的高度。年轻人，你应该学会正确地定位自己、认清自己，看到自己的价值，然后找准目标，挖掘到自己的内在动力，再朝着正确的方向努力，这样你才能充分发挥自己的价值。总之，我们要告诫自己，绝不能做一个没有追求、漫无目的的享乐主义者！

人生启示

任何一个人在追寻目标的过程中，都必须要忍耐，不仅要忍耐失败带来的痛苦、生活的平庸，更要学会控制享乐的心。“吃得苦中苦，方为人上人”，享乐只能让我们不断懈怠，忍耐才能让我们磨炼自己的意志，帮助我们不断朝着目标前进。

★遭到他人的侮辱，与其生气，不如争气

洛克菲勒说过一句话：“在我眼里，侮辱一词的词义已经转换，它不再是剥掉我尊严的利刃，而是一股强大的动力。”这句话是在告诉每个年轻人，对于别人的侮辱，我们不必与之争论，而应该在内心激励自己：为了证明自己，为了赢回尊严，一定要加倍努力。

洛克菲勒曾在家信中这样告诫自己的儿子：“我知道任何轻微的侮辱都可能伤及尊严。但是，尊严不是天赐的，也不是别人给予的，而是你自己缔造的。尊严是你自己享用的精神产品，每个人的尊严都属于他自己，你自己认为自己有尊严，你就有尊严。所以，如果有人伤害你的感情、你的尊严，你要不为所动。你不死守你的尊严，就没有人能伤害你。”

的确，他人侮辱、轻视我们，那并不意味着我们的存在毫无价值。别

人看轻了你，没有关系，只要我们自己看重自己就行了。一个人如果总是患得患失，太注重别人的态度，并将自己的得失建立在别人的言行上，那又怎么静下心来充实自我呢？

1897年5月6日，维克多·格林尼亚出生在法国瑟尔堡的一个有名望的资本家家庭。当时，他的父亲经营了一家船舶制造厂，有着万贯的家财。在格林尼亚童年时期，由于家境的优裕，再加上父母的溺爱和娇生惯养，使得他在瑟尔堡四处游荡，盛气凌人。那时候，他没有理想，没有志气，根本不把学习放在心上，整天梦想着成为王公贵族。由于他长相英俊，当地的那些美丽的姑娘，都愿意与他交往。

但是，在一次午宴上，一位刚从巴黎来到瑟尔堡的波多丽女伯爵竟然毫不客气地对格林尼亚说："请站远一点，我最讨厌被你这样的花花公子挡住我的视线！"这句话就好像针扎一般刺痛了他的心。刚开始，他为这句话而自卑、疯狂、偏执，但不久之后，他就醒悟了。他开始悔恨自己的过去，产生了羞愧和苦涩之感，他决定发奋学习，发誓一定要追回过去所浪费掉的时间，而每当自己的灵魂和肉体麻木的时候，他就用这句话来刺痛自己。后来，他决定远离家乡，临走之前，给家人留下了这样一封书信："请不要探询我的下落，容我刻苦努力地学习，我相信自己将来会创造出一些成就来的。"

格林尼亚来到了里昂，拜路易·波韦尔为师，通过两年刻苦的学习，他终于补上了过去所落下的全部课程。后来，他进入里昂大学插班就读，在上大学期间，他赢得了有机化学权威菲利普·巴尔的器重。在巴尔的帮助下，他将老师所有著名的化学实验都重新做了一遍，并准确纠正了巴尔的一些错误和疏忽之处。就这样，在这些大量的平凡实验中，诞生了格氏试剂。

格林尼亚就好像打开了科学的大门，他的科研成果不断地涌现出来。基于其伟大的贡献，1912年，瑞典皇家科学院授予他诺贝尔化学奖。这时，他收到了那位波多丽女伯爵的贺信，里面只有一句话："我永远敬爱你。"

波多丽女伯爵无意中的嘲讽，竟然成为了格林尼亚前进的动力。

的确，我们活在这个世界上，首要目标就是实现自己的价值，而并不是求得所有人的认同甚至拥护。在我们身边，每个人的思维和行为方式都不一样，总会有一些人跟自己合不来，他们有可能会对我们的言行进行冷嘲热讽甚至侮辱，其实这都是极为正常的。因为在这个世界上，任何人都不可能赢得所有人的心，在我们的朋友圈子以外，总会有那么几个人，心生嫉妒，不怀好意地望着我们；不论我们怎么努力，我们都不可能让所有的人都成为自己的朋友。

所以，我们需要忍耐那些侮辱，在忍耐中变得淡然，学会忍耐；在忍耐中厚积薄发，就是对侮辱最好的回击。

人生启示

事实是击败任何不实言论的最好武器，受到别人的侮辱时，我们不需要与之争辩，而应该淡然处之，然后努力奋斗，最终，那些侮辱的言辞将会不攻自破。

★施予是心灵健康的秘诀

洛克菲勒曾说："给予是健康生活的奥秘。"这句话是要告诉我们，一个人的内心是否健康、是否充实、是否快乐，来自于他对周围人和社会的付出和奉献。的确，奉献对于我们来说是一种责任也是一种义务。我们生活在社会中，是整个社会集体中的一员，我们在享受社会资源的同时也应该懂得感恩，懂得向社会回报，这样才能保证我们生存环境的平衡，保证人类长期的发展。否则，如果大家都只索取不奉献，任何人的幸福都无从谈起。

相信你应该听过科学家海斯德，我们来看看他的故事：

鲍尔·海斯德是美国一位研究蛇毒的科学家。他小时候看到全世界每年有成千上万人被毒蛇咬死，就决心研究出一种抗蛇毒药。他从15岁起，就在自己身上注射微量的毒蛇腺体，并逐渐加大剂量与毒性。

这种试验是极其危险和痛苦的。每注射一次，他都要大病一场。各种蛇的蛇毒成分不同，作用方式也不同，每注射一种新的蛇毒，原来的抗毒物质不能胜任，他就又要经受一种新的抗毒物质折磨，他身上先后注射过28种蛇毒。经过危险与痛苦的试验，终于有了收获，他一共被毒蛇咬过130次，每次都安然无恙。海斯德对自己血液中的抗毒物质进行分析，试制了一些抗蛇毒的药物，救治了很多被毒蛇咬伤的人。

海斯德“以身试毒”只为救助更多的人，这就是一种伟大的奉献精神，我们不得不被海斯德这种强大的精神力量所折服。的确，没有这样一种高尚的人格，又怎会有这样强烈的社会责任感？又怎么会不顾生命危险，一次又一次地以自己为实验对象？

在一些人看来，对社会奉献是一种付出，而其实，它却会给你带来更多的收获。可能我们失去了暂时的利益，失去了眼前的所得，但是我们在为别人付出的同时获得了尊敬，这是不能用利益和金钱所衡量的。同时，我们今天的付出在未来将回报更多的收获，造福长远。

生活中的年轻人，也许你认为自己没有经济能力为社会奉献，奉献社会应该是富人的事，与自己无关。而事实上，你需要明白的是，你也是社会的一份子，奉献可以从身边的小事做起。我们生活的周围就不乏那些奉献的英雄：

“七八十岁的老太太了，还这么奋不顾身去救人，真是难得呀！”这是发生在广东的一件真实的案例，一个七十多岁的老太太勇救溺水小孩的事迹，早已被当地的人们传得沸沸扬扬。人们提起这事，都纷纷竖起大拇指，对老太太的义举赞叹不已。事情的经过是这样的：

当天，有三名男孩到村子附近的河里游泳，不久，就听到有人大声呼叫：“救命……救救我！”人们循声望去，原来有一名小男孩正被水冲往下游，小男孩已经支持不住，正在大声呼救。此时，正在离河边约50米处河畔锄草的老太太闻讯后立即冲向河边，边走边大声叫喊船家快撑竹排去救人。但船家年老体弱有心无力。眼看溺水小孩被急流越冲越远，老太太情急之下，接过竹篙，奋力划出百余米，来到溺水小男孩身边，早已筋疲力尽的小男孩一把抓住了竹排的边沿，终于得救了。

事后，当人们问起老太太面对激流，是怎么有勇气做到的，老太太说：“我虽然年纪大了，但常干些锄地种菜之类的农活，因此身体还非常硬朗。几十年来，我一个人生活，周围的乡亲们也帮助了很多，我也该回报社会啊！”

一个七十多岁的老太太，纵使有生命危险，还是义无反顾地去救落水儿童，我们除了敬佩之外，感受到的就是这种为社会贡献的“幸福”。

从这里，我们可以看出一点，付出是会让我们感到快乐的。当然，这里的付出不仅仅是嘴上说说而已，需要我们把它带到生活中：工作中，与同事不要斤斤计较，工作多做一点也无妨；生活中，乐于助人，你同样也会得到相同的快乐；关心国家大事，不要总认为“事不关己，高高挂起”；与家人相处，要学会扮演自己的角色，为他们多付出一些，你也会快乐多一些……

的确，无论是幸福，还是快乐，都是那么简单，像空气一样弥散于每个空间，只要我们愿意调整自己的心境，学会感知，学会付出，就能时刻感受到健康和快乐！

人生启示

每个社会人，都要学会奉献，学会享受奉献后的满足，体会其中的幸福。并且这种奉献精神对于年轻人来说更为重要，要奉献国家，奉献社会，奉献人民，这是成长路上砥砺人格的真谛。要充分把这种精神运用到日常生活中，从小事做起，从身边做起，我为人人奉献，收获人人尊敬。

★赞美具有神奇的力量

洛克菲勒曾说："一头猪被好好夸奖一番，它就能爬到树上去。"的确，每个人都长着一双爱听赞美语言的耳朵，这是人的天性。年轻人，在处世的过程中，你也要学会赞美别人，让他拥有优越感，你的赞美仿佛就是一支火把照亮他的心田，可以消除你们之间的芥蒂。一个会做人的人，也是个善于赞美他人的人。而赞美也是一种语言上的人情投资，人情在当今社会中的作用日益凸显，而人情并非是指物质上的礼尚往来，还包括情感的交流。"人情"在于"情"，只有情感上达到了共鸣，才是情感交流的前提。聪明人会利用人情上的优势让自己赢得成功，正所谓"朋友多了路好走"。

洛克菲勒曾在家信中对儿子约翰说："善于驱使别人的经营者、领导者或大有作为的人，一向宽宏大量，他们懂得高看别人和赞美他人的艺术，这意味着他们要有感情的付出。而付出深厚感情的领导者最终必赢得胜利，并会获得部属更多的敬重。”洛克菲勒和他身边的富人朋友并不一样，他从不高高在上地与下属说话，而是深谙赞美的艺术，不仅尊重员工的意见，还经常赞美、鼓励他们。正是因为这样，所有标准石油公司的员工们才会把公司当成家，始终与公司站在一条战线上。

一直被洛克菲勒称为“铁匠”的钢铁大王卡内基的继母也是个善于赞美他人的人。

卡内基小时候是一个公认的坏男孩。在他9岁的时候，父亲把继母娶进家门。当时他们还是居住在乡下的贫苦人家，而继母则来自富有的家庭。

父亲一边向继母介绍卡内基，一边说：“亲爱的，希望你注意这个全郡最坏的男孩，他已经让我无可奈何。说不定明天早晨以前，他就会拿石头扔向你，或者做出你完全想不到的坏事。”

出乎卡内基意料的是，继母微笑着走到他面前，托起他的头认真地看着他。接着她回来对丈夫说：“你错了，他不是全郡最坏的男孩，而是全郡最聪明最有创造力的男孩。只不过，他还没有找到发泄热情的地方。”

继母的话说得卡内基心里热乎乎的，眼泪几乎滚落下来。就是凭着这一句话，他和继母开始建立起友谊。也就是这一句话，成为激励他一生的动力，使他日后创造了成功的28项黄金法则，帮助千千万万的普通人走上了成功和致富的道路。

卡内基14岁时，继母给他买了一部二手打字机，并且对他说，相信你会成为一名作家。卡内基接受了继母的礼物和期望，并开始向当地的一家报纸投稿。他了解继母的热忱，也很欣赏她的那股热忱，他亲眼看到她用自己的热忱，如何改变了他们的家庭。所以，他不愿意辜负她。

来自继母的这股力量，激发了卡内基的想象力，激励了他的创造力，帮助他和无穷的智慧发生联系，使他成为了美国的富豪和著名作家，成为20世纪最有影响力的人物之一。

在继母到来之前，没有一个人称赞过他聪明，他的父亲和邻居都认定：他就是坏男孩。但是，继母就只说了一句话，便改变了他一生的命运。

案例中卡内基的继母也是个聪明人，她看到的正是一个坏男孩身上别人没发现的优点。一句赞美，让一个坏男孩成为了20世纪最有影响的人物之一。

赞美是一件好事，但绝不是一件易事。赞美别人时如不审时度势，不掌握一定的赞美技巧，即使你是真诚的，也会变好事为坏事。所以，我们在开口赞美别人前一定要掌握以下技巧：

1.赞美的话因人而异

赞美时要分清你的对象，有特点的赞美比一般化的赞美能收到更好的效果。假如对方是个年纪大的老年人的话，可多称赞他引为自豪的过去，因为老年人总希望别人不忘记他“想当年”的业绩与雄风；而假若对方是个年纪轻轻的人的话，这时候，你可稍为夸张地赞扬他的创造才能和开拓精神，并祝对方有个好前程；而当你遇见一个生意人的时候，你就应该夸赞对方过去的经商业绩…… 但这一切，要根据实际情况，切不可浮夸。

2.发自内心地给予赞美

你用什么样的心态对待别人，别人就用什么样的心态对待你。不要把别人当成傻子，你是否在真诚地赞美他，他心知肚明。虽然人都喜欢听赞美的话，但并非任何赞美都能使对方高兴，能引起对方好感的只能是那些基于事实、发自内心的赞美。相反，你若无根无据、虚情假意地赞美别人，他不仅会感到莫名其妙，还会觉得你油嘴滑舌、诡诈虚伪。

例如，你见到一位其貌不扬的小姐，却偏要对她说："你真是美极了，"对方立刻就会认定你所说的是虚伪之至的违心之言。但如果你着眼于她的服饰、谈吐、举止，发现她这些方面的出众之处并真诚地赞美，她一定会高兴地接受。真诚的赞美不但会使被赞美者产生心理上的愉悦，还可以使你经常发现别人的优点，从而使自己对人生持有乐观、欣赏的态度。

人生启示

任何一个人都希望被他人关注和赞美，都希望自己的劳动得到社会的承认，得到别人的理解和尊重。不管你的赞美对他是否会产生影响，有一点是可以肯定的，你的赞美会给他的心理带来愉悦。

第8章

职场篇——事情做的多，不如做得巧

综观洛克菲勒的创业、发家史，我们不难看出一点，他并不是单打独斗取得成功的，他懂得借助他人的力量，他曾直言不讳地承认自己是善于合作的人。的确，一个人无论多么能干，多么聪明，多么努力，如果他不能或是不愿意与团体一起合作，日后也绝不会有什么大成就。每一个初入职场的年轻人，你也应有所启示：人生经验尚浅的你，一定要摒弃个人主义、我行我素的做事态度，并掌握一些职场做人做事的原则与技巧，学会与同事、领导相处，学会一些管理心得，这样你才能在未来职场路上少走些弯路。

★合作，凝聚了众人的智慧和力量

21世纪是一个合作的时代，合作已成为人类生存的手段。因为科学知识向纵深方向发展，社会分工越来越精细，人们不可能再成为百科全书式的人物。每个人都要借助他人的智慧完成自己人生的超越，于是这个世界充满了竞争与挑战，也同样充满了合作与快乐。

工作中的年轻人，可能现在的你刚跨入职场，那么，你必须要对合作引起重视，并把合作的意识运用到日常的工作中，这正如大王洛克菲勒所说的："合作，可以让我们做到我们原来所做不到的事情。"这句话来源于他在1901年写给小约翰的一封信。这一年，约翰和摩根先生达成共识，这是美国经济史上一次最伟大的握手。美国的《华尔街日报》评价这次握手标志着"一艘由华尔街大亨和石油大亨共同打造的超级战舰已经出航，它将势不可挡，永不沉没"。

在信中，他提到了与合作伙伴亨利先生之间的合作与友谊：

"亨利是我永远的知己，最好的助手；和他的结盟，让我得到的不仅仅是投资，而是一种心灵和智慧上的支持。我们是同一类人，我们都雄心勃勃，希望成为石油行业的主人。直到现在，我们都还记得我们一起工作时的情形——我们几乎形影不离，一起上班、下班，一起思考，我们总是互相激励，我们就像情侣一样，那是我人生中最快乐的一段时光。相互激励、彼此坚定决心，那段时间，就如同度蜜月一样，永远是让我感到愉快的记忆。如今，几十年过去了，我们依然亲如兄弟，这份情感给多少钱我都不卖。这也是我一直让你叫他亨利叔叔而不要叫他亨利先生的原因。”

洛克菲勒说，在那些妄自尊大的人眼里，合作显得很软弱或者可耻，但在他看来，合作是聪明人的选择。他也曾把自己成功的原因之一归结为合作——“我之所以能跑在竞争者的前面，就在于我擅长走捷径——与人合作。在我创造财富之旅的每一站，你都能看到合作的站牌。”

中国人也常说：“三个臭皮匠，赛过一个诸葛亮。”这句话很明确地表明了团队合作的意义：团队行动可以达到个人无法独立完成的成就。也就是说，只要团队中的每个人都能充分发挥个人的才智，就能将团队的力量发挥到最大。但这里的充分发挥，很明显，是要各取所长，把每个人的力量发挥到最大。

外国有这样一部故事片：

一个跳伞运动员在一次跳伞活动中，一不小心被挂在了飞机的起落架上，高空中的冷风嗖嗖地吹着。很快，飞机驾驶员看到了出了意外的运动员，他不能见死不救，可是，他的座位离起落架太远了，他怎么也割不断救生伞，运动员只好一直被悬挂在起落架上。

为了要救这名运动员，驾驶员想方设法也无济于事，最后他决定，还是带运动员回机场。为了保障运动员的安全，他降低了飞行速度——由原来的每小时80公里到现在的时速60公里。可是这样做，又会带来另外一个问题，飞机可能因为速度太慢而一头栽下去。当飞机在机场上空盘旋时，由于速度过慢，驾驶员已经感受到了飞机的震动，稍不注意就可能发生危险。

此时，驾驶员眼前一亮，他发现前方有一片草地，如果能在草地上降落，那么，便能减少与飞机的摩擦，对保护运动员也有好处。然而也有不利因素，如果处理不好仍然会造成机毁人亡，他想到了这点，却不知运动员是怎么想的。要知道，此时配合不好的话，就会导致更为严重的后果。

然而，运动员似乎与飞机驾驶员心有灵犀一样，就在飞机落地的一瞬间，运动员猛地把自己身子缩紧，把头勾起来，他这样做的目的就是不让自己在飞机落地时碰到地面，保护自己不受伤。他的冷静给他带来了生还的希望。

很庆幸，飞机成功降落。虽然运动员皮肤擦伤了，但其他一切正常。当他看到救他的车辆驶过来时，兴奋地对救他的人说："我太幸运了！"有人告诉他："不是你幸运，是你们配合得太好了。"

可能你也为运动员捏了一把汗，但正是因为他与驾驶员的巧妙合作，最终使自己化险为夷。这里，假设驾驶员对飞机的操作不够熟练，运动员对自己的身体不能很好地把握，那么，他们必当逃不过这一关。类似这样的事虽然在生活中极少发生，然而却说明了配合与协助的重要性。当然，在配合的同时，需要每个人都发挥自己最擅长的力量。

叔本华说：单个的人是软弱无力的，就像漂流的鲁宾逊一样，只有同别人在一起，他才能完成许多事业。正如从小我们就高喊：团结就是力量，合作就是力量。

因此，身处职场的年轻人们，也应该明白合作的重要性并在日常生活中着力培养自己与人合作的能力，只有这样，才能在未来社会中真正实现与他人的共赢。

人生启示

任何地方，只要存在竞争，谁都不可能孤军奋战，除非他想自寻死路。聪明的人会与他人包括竞争对手形成合作关系，假借他人之力使自己存在下去或强大起来。

★一个人不可能强大到主宰主体

当今社会，分工越来越细，任何人，都不可能单打独斗取得胜利。生活中的年轻人们，可能你也感受到，工作中，许多时候都需要好几个人来共同完成一件任务，你再聪明、能力再强，也只有一双手、一个大脑，你不能单独取得胜利。只有得到他人的帮助，与他人合作，才能获得更大的成功的机会。

洛克菲勒曾说："一个人不能主宰一个集体。"在给约翰的信中，他说："一个人不能主宰一个集体。我不否认领导者的巨大作用，但就整体而言取胜靠的是集体。我所取得的任何荣誉所依靠的都是集体的力量，而绝非我个人。也只有众人都付出努力，才能相信并期待奇迹的出现。"

他还告诉约翰，没有人是无所不能的，即使你是一名管理者，工作的出色完成也是必须依赖下属的，这就需要你充分地发挥你的领导力。"你需要知道，你的手下可挑剔的地方不胜枚举，但是你要专注于发掘每个人潜在的优点，注意他们在每个细节上的杰出表现，以及他们为了将事情做得出色，而对完美主义近乎苛求的坚持。这是你领导力的优势所在。”

安德鲁·卡耐基也曾说：“凡事自己单干，或独揽全部功劳的人，是当不了杰出领导人的。”安德鲁·卡耐基的话进一步向人们发出这样的警示——如果你不会激励对方，你便不能领导对方；当你不能领导对方的时候，那么你便不能有效地影响对方，又何谈让他人为自己服务呢？

从洛克菲勒和卡耐基的话中，我们可以看出：身处职场，即使你已经是一名领导，也要学会与人合作，要充分激发下属的潜能。因为在一个团队中，只有每个成员都最大限度地发挥自己的潜力，并在共同目标的基础上协调一致，才能发挥团队的整体威力。唯有善于与人合作，才能获得更大的力量，争取更大的成功。要做到激发下属的潜能，首先要求我们做到信任他们。

有一位大将军率兵征讨外虏，得胜回朝后，君主并没有赏赐他很多金银财宝，只是交给大将军一只盒子。大将军原以为是非常值钱的珠宝，可回家打开一看，原来是许多大臣写给皇帝的奏章与信件。再一阅读内容，大将军明白了。

原来在大将军率兵出征期间，国内有许多仇家诬告他拥兵自重，企图造反。战争期间，大将军与敌军相持不下，国君曾下令退军，可是大将军并未从命，而是坚持战斗，终于大获全胜。在这期间，各种攻击大将军的奏章更是如雪片飞来，可是君王不为所动，将所有的进谗束之高阁，等大将军回师，一齐交给了他。大将军深受感动，他明白：君王的信任，是比任何财宝都要贵重百倍的。

这位令后人扼腕称赞的君王，便是战国时期的魏文侯，那位大将军乃是魏国名将乐羊。

《孙子兵法》说道：“将能君不御。”领导就好比树根，下属就好比树干，树根就应该把吸收到的养分毫无保留地输给树干。许多时候，上司和下属之间很容易产生误解，形成隔阂。一个有谋略的政治家，常常能以其巧妙的处理方式，显示自己用人不疑的气度，使得疑人不自疑，而会更加忠心地效力于自己。

同样，一个好的领导应该懂得放权，并做到抓大放小，在精力、时间不足时，应该懂得找到合适的人授权，使对方能为自己分忧。如果一个领导大小权力都抓住不放，事必躬亲，其结果必然是很难培养出一个善于为自己工作的团队。所以，如果你想有效地影响员工，必须学会激励，用正面肯定的方法，将尘封在员工心底里的积极性、主动性充分地调动出来。这里所指的肯定，是指领导者对下属的优点和成绩所给予的一种赞誉和褒扬。肯定是一门艺术，领导者适时、适度地肯定下属的行为是对下属的一种尊重，既利于下属扬长避短，又能有效地调动下属工作的积极性和创造性。当然，肯定也不能无原则地赞扬，对下属的赞扬应实在、有度，应根据当时的时间、地点及所处的环境有选择地进行肯定，决不可说东道西，胡乱肯定一通。

人生启示

任何一个领导者，即使他的工作能力再强，也不可能完成所有的任务，这就要求他善于利用团队的力量。而领导者授权下属工作时，最重要的一点就是信任、肯定和赞赏，这也是人性化管理的一部分。

★从最底层开始做起，一点一点地走向成功

洛克菲勒曾说：“从最底层干起，一点一点地获得成功，我认为这是搞清楚一门生意的基础的最好途径。”这句话的含义是，任何一个人，如果想获得成功，都不可能做到一步登天，从底层做起，勤奋工作才是唯一可靠的出路。然而，我们发现，现代社会，随着市场经济的逐渐推广和文化的多元化，有些人为了追求成功，开始变得投机取巧、走捷径。要知道，脚踏实地地努力，积累实力是才是成功的秘诀，任何“空中楼阁”都经不起时间和岁月的考验。

因此，生活中的年轻人，在这个追求个性张扬的年代，没有主见、人云亦云的确不会成功，唯有脚踏实地，充实自己、手握底牌，才会底气十足，才会获得成功。毕竟，现代企业，最排斥的就是眼高手低、满口大话而没有实际行动和真正的工作能力的年轻人。即使你的目标是短视与功利的，如果不过完今天一天的话，那么明日也不会来访。到达心中向往的地点，没有任何捷径。“千里之行，始于足下”，无论多么伟大的梦想都是靠一步一步、一天一天的积累，最终才能实现的。

同样，年轻人，就业之初，若想成为职业化员工，你就要从基层工作做起，这是一种带有规律性的认识成果，具有普遍的指导意义。万丈高楼平地起，我们任何一个人职业生涯及其成功都是从基层做起的，要想成为高级工程师，就应从技术员开始做起；要想成为一名将军，就得从战士做起；要想成为一个营销总监，就得从业务员做起。

一般而论，职业生涯的基础打得越扎实，其成长、成功的空间就越大。只有将基层工作了解透了，做事到位了，才能开始做比较复杂和难度

较高的工作，这就是循序渐进。

要从基层做起，要遵循如下三个方法：

1.调整心态

年轻人就业从基层做起，要面临一个调整心态的问题。有的年轻人对从基层工作做起的观念不屑一顾，认为自己是干大事业的，这种就业心态需要调整。想干大事业，同从基层工作做起并不矛盾，把基层工作的小事情做好，就能为今后干大事业打好基础。因此，你一定要培养乐于从基层做起的心态，只有心态调整好了，才能在基层工作领域增长知识和才干。

2.耐得住寂寞

基层工作大多是琐碎的，重复的，很难给人以快乐和挑战的感受。产品研发人员在生产车间了解产品生产工艺流程是琐碎的，营销员拜访客户是重复的，因此，年轻人还要培养耐得住寂寞的职业操守。只有耐得寂寞的人，才能在基层工作中有所学习、有所积累，才能赢得未来的职业生涯发展。

3.积累经验

很多企业要求员工从基层做起，其目的是为了新员工积累基层工作经验。积累基层工作经验是最有价值的，它如同建造职业生涯大厦的基石。因此，作为职场新人，要有意识地在企业基层工作过程中积累经验，为未来职业生涯发展奠定基础。这无疑是职业生涯的大智慧。

人生启示

生活中的年轻人，要想在未来的社会竞争中跨越重重障碍，最终成功，光有勇气是不够的，还需要有能让自己脱颖而出的实力，也就是人们常说的底牌。一个人如果不能先把自己的基础知识打牢，不能先把自己修炼成一个具有实力的人，是不会有所建树的。

★真正优良的方案都是应该经过商榷和激烈讨论过的

洛克菲勒曾说："良好的方案往往不是由互相容忍得来的，而是争吵的结果。"这句话是要告诉我们，为工作要有建设性的争吵。诚然，对于很多初入职场的年轻人来说，你应该抱着谦虚、学习的心态与同事相处，但这并不代表你应该什么都听从他人的。事实上，积极地与同事沟通、发表不同的看法，能帮助优化工作方案，还能让我们的工作能力得到提高。

我们先来看看洛克菲勒与他的孩子西恩的一段对话。

西恩与其部下维奇发生了冲突，一气之下的维奇辞职不干了。凑巧，这天洛克菲勒心血来潮要来公司看看，知道了维奇已经辞职一个月这件事。

"真的？"洛克菲勒显得很吃惊，"为什么？"

"他不想做了啊！就是这样。"

接下来，洛克菲勒严肃地说："西恩，你要知道，公司培养出一个像维奇这样的员工所花费的心血是很多的，作为领导，你应该为公司创造一个良好的氛围，以留住我们的员工。"

"爸爸，我没想到你的反应会这么强烈。那天，我提出了一个方案，我认为精美绝伦，可是维奇居然反对，当着那么多人的面，我太没面子了。后来，我又提出一个方案，他依然反对。自从我担任销售工作以来，他似乎总是故意跟我作对，这次他又故伎重施，我再也忍不下去了，就同他吵了起来，当时我们两人都很激动。两天以后，他交了辞职报告就走了。”西恩耸耸肩说，“就是这样。”

“西恩，我认为在这件事上，你的处理不够慎重。维奇在我们公司做了13年，他忠于职守，是一位勤奋刻苦的职员，这一点谁都没有怀疑过。”

“可是，爸爸，一直以来，他给我的感觉就好像是一条暗藏的毒蛇，准备随时随地乘人不备咬上一口。”

“噢，西恩，我没想到你竟会对他有这种印象。在我直接管理公司的销售部门时，虽然维奇有些方面有点古怪，却是一个十分重要的职员。或许是他的奇怪脾气使你很反感，造成了反目为仇的原因吧！维奇在我们公司工作了13年，这期间没有一位其他的职员向我反映过对他的不满，这一事实应该敦促你不断反省。”

“可是每次开会，他总是对我提出的意见说长道短，要不就是一脸的不屑，这实在让我受不了。”西恩依然耿耿于怀。

“西恩，你不要忘了，一致的意见不见得就是最好的。当下属对你的方案无异议时，并不表示这项方案就是完美无缺的。在这个时候你切不可沾沾自喜，而应该鼓励下属，让他们敢于提出相反的意见。一个方案——即使是挺不错的——也只有不断改进补充，才能更上一层楼。良好的方案往往不是由互相容忍得来的，而是争吵的结果。”

……

过了一会儿，洛克菲勒说道，“我并不是想干预你的事务，可能我的这一番说教会让你深感厌倦。”“当然不会，爸爸；正相反，你这一番话让我受益匪浅。我想以后遇到类似问题时，我会按你的教导去处理的。”

从这段对话中，我们能看出洛克菲勒在处理工作中与他人意见不同时的态度——对事不对人，适当争吵有利于获得最佳方案。这也是在鼓励工作中的一些年轻人要积极表达不同的见解。当然，要做到这点，我们还一定要注意的是，我们的见解一定是要有见地的，否则不仅不能起到让对方刮目相看的作用，还容易让对方以为我们是为了出风头。

我们不难发现，一些年轻人在与前辈或者领导沟通时，总是说些无意义的话；所谓无意义的话，就是用来填补讲话中间空白时所说的话，可能是“嗯”、“哦”等语气词，也可能是真正的词汇，像“明白我的意思吧”、“你看”等，但并没有什么实际意义。当这些无意义的话充斥在你们讲话中间时，你的话就会显得不甚连贯，听上去自己也显得犹豫不决。在短暂的停顿期间，任何用来填补空白的絮叨话，都算是无意义的话。

总之，职场新人们，你不要人云亦云，要学会发出自己的声音。而这，都需要你的勇气。

人生启示

身处职场，作为员工，年轻人们也要发挥自己的工作价值。当你有自己的建议时，一定要主动上前，表现自己，这也是磨炼自己和获得领导信任的好机会。

★全面检查一次，再作最后的决定

我们都知道，做任何一件事，我们都不能打无准备之战，这就需要计划；然而，计划是否完备、是否万无一失，还需要我们在执行计划前全面检查一次，这正如石油大王洛克菲勒所说的："全面检查一次，再决定哪一项计划最好。"他曾经在给约翰的信中这样说道："约翰，不论你做什么，要找出完美想法的最佳途径，就得拥有许多想法。在作出最完美的决定之前，我会致力于寻找具有创意与功效的各种可能性选择，考量多种可能性方案，并积极尝试各种选择，然后才将重点放在最好的选择上。"任何一个初入职场的年轻人都应该记住洛克菲勒的话，平时多作一手准备，多检查计划是否合理，就能减少一点失误，多一份把握。

有一批外国客商，要在中国内地购买一批棉布。A纺织公司的销售代表通过熟人打听，很快得知了这一消息，因此，他准备先请这些客商吃饭，搞定这批生意。但就在饭桌上，这位代表发现，与这些外商联系的，同时有好几家公司，而在价格上，他们公司并没有优势，这就是这些外商迟迟不肯成交的原因。

此时，销售代表有点不知所措。他给公司打电话，在众人不知如何的情况下，一名叫迈克的年轻人提出了解决方案。原来，迈克早就料到了同行竞争的存在，于是，他暗地里为公司多准备了一份谈判预案。迈克经过调查发现，这些外商虽说要购买棉布，但这批棉布是用于医疗卫生方面的，而符合这一标准的，就只有A公司的产品。也就是说，这些外商并不知道这一"内幕"。在后来的谈判中，A公司的谈判代表就使出了这最后的杀手锏，为这些外商提供了一份预案，在这份预案中，他故意“透露”了这一情况。最终，令很多同行不解的是，为什么这些外商会选择价格比其他任何公司都高的A公司。

任何一位客户，为了能购买到最质优价廉的产品，都会货比三家，而这就导致了销售方之间的竞争。如何才能在这些竞争中始终立于不败之地？其实很简单，那就是比别人多准备一份预案，这样，才能以不变应万变。案例中的A公司员工迈克之所以能帮助公司解决问题，就是因为他掌握了购买方对产品最重要的要求，而这，也成了他们能打败众多对手的杀手锏。

布莱德雷将军曾说：“第二次世界大战期间，我们抵达莱茵河的时候，我并不见得知道怎么建造桥梁，但是我知道相关的事情有哪些。我让筑桥的工兵能有足够的时间和补给，这一点是非常有帮助的。”任何一项计划，你的准备工作做得越充分，成功的可能性就越高。

然而，我们发现，生活中有这样一些年轻人，他们在工作中始终改不了粗糙的毛病，思路紊乱，东拉西扯，始终是稀里糊涂；生活中也是粗糙大意。这样，其结果只能是事情做不到尽善尽美。“千里之堤，毁于蚁穴”，如果我们做不到善于思考，那么，哪怕只是一些细节问题，也可能导致全局上的失败。

的确，思维指导行动。如果计划不周全，那么，就好比一个机器上的关键零件出了问题，那就意味着全盘皆输。

那么，作为年轻人该如何作好计划以及如何完善工作计划呢？

首先，计划要着眼于当下。

那么，为什么不建立长期计划呢？生活中，有些人说自己能预见未来，这当然是谎言，也会失败。因为无论我们对于未来的预计多么精细，都无法将一些不可知因素囊括在内，在遇到一些问题时，就不得不改变计划，或者对其进行相应的调整，甚至在某些情况下，我们需要无奈地放弃预期的计划。

其次，要勤于思考。

思维的力量是巨大的，但人的大脑就如同一台机器，长时间不使用，它的工作能力就会下降甚至不可用。因此，要有智慧，就要有善于思考的头脑。真正的“有头脑”，指的是善思考、勤实践，有思想、智慧、远见、卓识和才干。一个人虽然长着脑袋，但若不善用脑，没有思想、智慧、远见、卓识和本领，是不能算是有头脑的。

再者，我们做任何事都要制订完善的计划和标准。

要想把事情做到最好，你必须在心中为自己设定一个严格的标准，并且，在做事时，你一定要按照这个标准来执行，决不能马虎；另外，在作任何一项决策前，一定要思虑周全，并作广泛的调查论证，广泛征求意见，尽量把可能发生的情况考虑进去，尽可能避免出现1%的漏洞，直至达到预期效果。

人生启示

“凡事预则立，不预则废。”大到国家，小到个人，做事时候都必须要有计划性，只有做到缜密行事、步步为营，才能让成功多一份胜算，大凡要把一件事情做好，一般都要经历资料收集、深入调查、分析研究、最终下结论这样一个过程。

★强有力的人士才是我最需要的，即便是对手

古今中外，治国也好，治企也好，得人心者得天下，失人心者失天下，这是一个谁也否认不了的真理。我们常说，21世纪，各行业的竞争，实质就是人才的竞争。的确，管理之道，唯在用人。人才就是效率，人才就是财富。在现今这个时代，人才可以说是最重要的，企业要做大，就要重视人才。人才是事业的根本。因此，年轻人，如果你现在已经是企业的领导，那么，你必须要学会一项本领：善于识别和运用人才。只有做到唯贤是举，唯才是用，才能在激烈的社会竞争中战无不胜。

为此，洛克菲勒曾说："我需要强有力的人士，哪怕他是我的对手。"事实上，洛克菲勒的霸业离不开一批忠诚的良臣猛将。不少良将甚至是总裁级的人物，都是入公司前作为"敌对"势力与洛克菲勒作过激烈对抗的人。但洛克菲勒胸怀天下，广纳良才，整个标准石油公司就如一部运转良好效率奇高的机器，诸多干将都能尽弃前嫌在这部机器的框架内发挥激情、干劲，乃至洛克菲勒退休后的二三十年内，现金利润仍如滚滚潮水般涌来。

事实上，不止洛克菲勒，美国苹果电脑公司前总裁史蒂夫·乔布斯也指出，一位出色的人才能顶50名平庸的员工，这就是风靡西方管理界的"乔布斯法则"。乔布斯说，他花了半辈子时间才充分意识到人才的价值。他在一次讲话中说："我过去常常认为一位出色的人才能顶两名平庸的员工，现在我认为能顶50名。"在乔布斯看来，他把四分之一的时间用来招募人才是合理的，因为苹果公司需要有创意的人才。同样，高级管理人员往往能更有效地向人才介绍本公司的远景目标。而对于新成立的富

有活力的公司来说，其创建者通常在挑选职员时十分仔细，老板往往亲临招聘现场。

从洛克菲勒和乔布斯的话中，我们了解到，任何一家企业都应把网罗一流人才当成企业生存与发展的根本大计。而实际上，由于现今市场是个买方市场，很多管理者认为可以帮助企业做到“用最少的钱用到最好的员工”，也可以从容地面对员工的离职。毕竟，一个企业不是凭借某一个人的作用决定生或死的，他们认为，你不想干自然有人想干，你离开这个企业之后也并不能就那么容易地找到一份理想的工作。而事实上，在这种想法的影响下，企业流失了很多人才。

我们再来看看“福特爱才”的故事：

有一次福特公司的一台电动机坏了，公司出动所有的工程技术人员，但是没有一个人能修复，公司只得另请高明。几经寻找，找到了坦因曼思，他原是德国的工程技术人员，流落到美国后，被一家小工厂的老板看中并雇佣了他。

他到了现场后，在电动机旁听了听，要了把梯子，一会儿爬上一会儿爬下，最后在电动机的一个部位用粉笔画了一道线，写上几个字：“这儿的线圈多了16圈。”果然，把多余的线圈去掉后，电动机立即恢复正常。

亨利·福特非常赏识坦因曼思的才华，就邀请他来福特公司工作，但坦因曼思却说：“我现在的公司对我很好，我不能忘恩负义。”

福特马上说：“我把你供职的公司买下来，你就可以来工作了。”

福特就是这样为了得到一个人才不惜买下一个公司。

人才的重要性是不言而喻的。我们再来看看微软公司网罗一流人才的秘诀。微软公司的普力爵提供了网罗一流人才的秘诀：高层主管必须参与招聘流程。直到现在，比尔·盖茨仍会亲自打电话给微软看中的大学毕业生，询问对方有无兴趣来工作。普力爵强调，如果高层主管不参与招聘流程，其他人就会认为高层不在乎人才。如果高层主管都不在乎人才，还有谁会在乎？

电影《天下无贼》里黎叔有一句经典对白：“21世纪什么最贵？人才！”的确，如果修长城，人才就是基石；如果建大厦，人才就是栋梁；如果搞企业，人才就是成功的保证。如果你想把企业做大，不想当一个小作坊主，那就必须重视人才。无论干什么事业，人才都是成功的保障。

那么，年轻的领导者们，该如何做到人才的培养呢？一是创造良好的学习环境，二是建立完善的培训制度，三是与著名高校合作，共同培养人才。这样能有效提高专业技术人员的业务水平，提高企业开拓国际市场的能力。

人生启示

“千军易得，一将难求”，人才的培养是决定企业生存和发展的命脉，企业的发达，乃人才的发达；人才的繁荣，即企业的繁荣。人才建设是任何一个企业生存、发展的重中之重，没有了人才，一切都无从谈起。因此，对人才的培养事关企业的成败！

★我们的合作伙伴必定要坚强有力

洛克菲勒曾说过一句话：“坚强有力的同伴是事业成功的基石。不论哪种行业，你的伙伴既可能把事业推向更高峰，又可能导致集团的分裂。”这句话的含义是，在追求成功的路上，为了达成目的，我们有时候需要借助一些外在的强有力的力量，尽管我们并不喜欢这些人，但我们也要与之共事。其实，这就是日常生活中人们所说的“双赢”。所谓双赢，应用到商场，指的就是采取对双方都有利的交际措施，得到自己应该得到和最想得到的东西。举个很简单的例子，大家一起排队坐公交车，如果都争相上车，谁也不让谁，最终结果只能是所有人都堵在车门口；而如果所有人都遵守前后秩序，一个个排队上车，这样，不仅所有人都能坐上车，还为大家节省了时间。

对于身处职场的年轻人来说也是这个道理。与同事或者工作伙伴相处，你会发现，人们在性格、爱好乃至价值观、人生观、处理问题的方式上都会存在差异，每个人只有学会求同存异和让步，才能求得一个大家都能满意的结果。

在写给儿子的38封信中，洛克菲勒提到自己刚开始创业时的一件事：

那时正值他创业之初，因为资金问题，他的合伙人克拉克想到了一个解决问题的办法——拉当地的一个富人，也就是克拉克曾经的同事入伙，这位合伙人叫加德纳。有了加德纳的入伙，资金问题解决了，然而，让洛克菲勒感到吃惊的是，这位加德纳先生在为自己带来资金的同时，也为自己带来了屈辱。他注入资金的条件就是将公司改名为克拉克-加德纳公司，他们的理由就是加德纳的名字更响亮，更能吸引客户。

洛克菲勒感到很受伤，但他忍住了，他故作镇定地对克拉克说：“这没什么。”事实上，洛克菲勒的心里如海水般翻腾，因为他的人格被贬低了。但他知道这样做能给自己带来好处，最终，他愿意忍气吞声。

当然，最后他们散伙了。洛克菲勒在第三个年头成功地把加德纳请出了公司，并将公司重新更名为原来的克拉克-洛克菲勒公司。后来，克拉克-洛克菲勒公司也永远成为了历史，取代它的是洛克菲勒-安德鲁斯公司，洛克菲勒也成了亿万富翁。

然而，关于这位新的合伙人安德鲁斯，洛克菲勒也能看透他的本质，他是个贪得无厌、目光短浅的人，最后他们也分道扬镳了，他们的分手是因为一次分红。

这一年，他们一起赚了很多钱，洛克菲勒希望能从中抽取一部分来经营新的生意，然而，安德鲁斯却希望把自己的钱全部拿回家，洛克菲勒也就尊重他的选择。安德鲁斯以为自己交了好运，因为他确实挣到了一大笔钱。然而，就当洛克菲勒用自己的分红一转手又挣到一笔钱后，他竟然骂洛克菲勒卑鄙，洛克菲勒也并没有说什么。

从洛克菲勒的这段经历中，我们或许能明白一个道理——商场打拼，没有永远的朋友，也没有永远的敌人，只有永远的利益。然而，我们却发现职场中的一些年轻人，他们在与他人打交道时，会因为一些观念的差异或者小利益的争端而始终不肯让步，最终闹到不可开交的地步。事实上，胜利与失败并不是社交活动最好的结果，最好的结果是双赢，正如一句广告词那样："大家好才是真的好！"

的确，社会总是会有竞争，人与人之间也总是有利益的不平衡，关键在于我们抱什么样的态度。只要抱着"我好，你好"的双赢态度，按照这个原则去处理人际关系，你将会获得最理想的结果。要做到这一点，就需要你从大局考虑，放眼长远，在利益问题上，也要作出让步，并考虑让步的幅度和尺度是否有利于长远利益的实现。如果我们只顾眼前利益，就有可能失去更多宝贵的结交机会。

当然，我们在作出让步的时候，一定要考虑到这一步能否带来效益，值不值得，是否能够得到回报。因为只有实现了共赢，才有可能建立起长期的关系。

人生启示

没有永远的敌人，也没有永远的朋友。要想获得成功，就要懂得控制自己的脾气，要学会运用双赢的思维，要学会放下成见、学会忍耐，这样，才能得到一个皆大欢喜的结局。

★你把工作当成乐趣，你就能获得快乐

洛克菲勒曾说：“如果你视工作为一种乐趣，人生就是天堂；如果你视工作为一种义务，人生就是地狱。”这句话的含义是，工作是否能为我们带来快乐，取决于我们对工作的看法。身处职场，可能很多年轻人都会觉得自己的工作是烦琐的、枯燥的，其实，这是因为你内心对工作的态度没有调整过来。对于工作，我们可以做好，也可以做坏；可以高高兴兴和骄傲地做，也可以愁眉苦脸和厌恶地做。如何去做，完全在于我们自己。所以只要你在工作，何不让自己充满活力与热情呢？无论你现在从事什么样的工作，你都应该学会热爱它，即使这份工作你不太喜欢，也要尽一切能力去改变现状，并凭借这种热爱去发掘内心蕴藏着的活力、热情和巨大的创造力。事实上，你对自己的工作越热爱，信心越大，工作效率就越高。当你抱有这样的热情时，上班就不再是一件苦差事，工作就变成了一种乐趣，就会有许多人愿意聘请你来做你更热爱的事。如果你对工作充满了热爱，你就会从中获得巨大的快乐。

设想你每天工作的八小时，就等于在快乐地游泳，这该是一件多么惬意的事情！

洛克菲勒曾在写给儿子的38封信中讲述了这样一个寓言故事：

很久以前，在西方，有一个人在死后来到一个美妙的地方，这里能享受到一切他曾经没有享受过的东西，包括妙龄美女和美味佳肴，还有数不尽的佣人伺候他，他觉得这里就是天堂。可是在过了几天这样的生活后，他厌倦了，于是对旁边的侍者说："我对这一切感到很厌烦，我需要做一些事情。你可以给我找一份工作做吗？"

他没想到，他所得到的回答却是摇头："很抱歉，我的先生，这是我们这里唯一不能为您做的。这里没有工作可以给您。"

这个人非常沮丧，愤怒地挥动着手说："这真是太糟糕了！那我干脆就留在地狱里好了！"

"您以为，您在什么地方呢？"那位侍者温和地说。

洛克菲勒讲的这则寓言故事，是要告诉我们：失去工作就等于失去了快乐。但是令人遗憾的是，有些人却要在失业之后，才能体会到这一点，这真不幸！

事实上，工作不仅为我们提供了生存的机会，还让我们找到了在社会中的价值。但事实上，生活中，并不是所有人都能认识到这一点。我们经常看到，一些人或因为报酬不理想而放弃现在的工作，或为了前方一个薪资更好的工作而放弃快乐；或在现有工作上"做一天和尚撞一天钟"、"得过且过"，因为他们工作的目的就是为了每月按时发放的薪水——而你想过没有，你工作得快乐吗？

接下来有四个实际的步骤供你省察一番，让你反省是否知道自己在做什么。试用一点点时间来思考一下，也许你会为你所发现的真相感到惊讶：

1.保持良好的精神状态迎接每一天的工作

你要始终确立和保持不甘落后、积极向上、奋发有为的精神状态，清醒地认识自己肩负的责任，切实增强时不我待、只争朝夕的紧迫感，食不甘味、寝不安席的责任感，树立强烈的事业心和进取意识。如果只把所从事的工作当成一个混饭的营生，那么，你就很难有工作积极性，也就很难做好工作。

2.不要只把注意力放在金钱上

钱是赚不够的，因此，我们不要把眼光只放在薪金的多少上，而是应该多关注自己创造的价值上，工作带给你的成就感和满足感应该超越金钱上的报酬。

3.找出你在工作上的重要价值

请记住一点：当初你为何会接下这份工作？如果这只是一份临时的工作， 你是否认真考虑将来你真正想做的是什么事？然后再问你自己：因着我的投入，这份工作是否与从前相比不一样了？正确的价值观在个人成就感及福祉中扮演着重要角色。

反省自己为何做现有的工作。这并不代表你不满意它，而是做一些自省功夫。这样的省察会使自我意识带出良性的工作成就感、加深自我实现的意志以及知道自己真正在做什么。

4.敢于问自己：我做这份工作值得吗

如果在工作中，你根本发现不了自己喜爱的部分，你正想尝试着换另外一份工作，那么，你是否应该考虑一下，是不是因为以下原因：你是不是找错了在工作中努力的方向，而不是这份工作本身的原因？你是否喜欢工作中的自己？若答案为否，你能够做一些改变吗？或者问题是出在工作本身？你是否要换到另一部门工作？是否有其他的责任使你无法完成该做的工作？所以也许你只需要重新调整好焦距，审慎地选择你该花费的时间。

人生启示

快乐的秘密，不在于做你所爱的事，而在于爱你所做的事。当我们能做到为自己工作、为明天积累时，那么，你将拥有更大的挥洒的空间、更多的实践和锻炼的机会。找到工作中的乐趣，能够让你在工作岗位上更主动更积极地处理各项事务，为自己不断开创新的工作机会和发展空间！

★始终把员工的利益放在第一位

洛克菲勒曾说过这样一句话："我不会无视雇员的存在，反会认真看待他们，准确地说，在我的脑子里，始终把为我卖命的雇员摆在第一位。"这句话要告诉身为企业领导的年轻人们，对待自己的下属，一定要关心和尊重，做到以人为本，多点人情味，让下属感受到领导者对自己的关心，从而去掉心理包袱，更加卖力地工作。

我们都知道，在现代企业里，领导者就是通过调动他人工作积极性来完成工作的人，领导者在企业中的位置就如同一个家长一样，而每一个员工就是家庭成员。一个家庭，只有做到"家和"，才能"万事兴"；同样，一个企业的发展，贵在人和。要人和，就离不开"暖意融融"的人文关怀。作为企业的大家长，领导者只有正确把握好方式方法，坚持用真诚、平等、温暖的情怀去管理，才能让人感觉到春天般的希望，才能使全"家"上下具有共同的奋斗目标和价值追求，对家有强烈的归属感和认同感，对组织有充分的信任感和依托感。如此这般，才能人人心情舒畅，保持春天般积极向上的心态，齐心协力干事创业，进而推动企业的繁荣发展。

洛克菲勒曾经在给儿子的信中提到了自己是如何看待下属的：

“我希望每一个为我做事的人都因我而富有。”洛克菲勒是个勤俭自持的人，但他对待雇员却十分慷慨，他给员工的薪金是同类企业中最高的；另外，员工们还能享受到老有所依的退休金制度；除此之外，标准石油公司的员工还可以每年主动约见老板一次，以要求加薪。

“我有个习惯，那就是在员工办公桌上留一张纸条，上面会写几句感谢词，这并不会花费我多少时间，也就一两分钟的事。但我的几句话，也许就能对员工产生鼓舞的作用，也许多少年后，他们还能记得自己曾经那个慈爱的领导对他的鼓励。”

洛克菲勒的故事告诉我们，作为企业领导者，温暖胜于严寒。的确，在倡导实施以人为本、尊重和关心员工为管理决策的今天，以强制手段来管理员工，是不能打开员工心灵的，更不可能真正调动起员工的工作积极性。而领导者若能使用暖暖的南风般的温情去管理员工，让员工感受到你的亲和力，那么，员工的心就会更贴近企业，更能增强企业的凝聚力和向心力。

事实早已经证明，凡是具有蓬勃生命力的企业，都有一套能让员工从内心自然接受的管理手段。所以，员工能在企业这个大家庭里感到，工作虽有压力，但更有动力、更有希望；虽有劳累，但不觉得心累，更充满工作的快乐感、幸福感和愉悦感。在这一方面，松下公司的做法值得很多领导者效仿：

在松下，领导者处处关心员工，考虑职工利益，还给予职工工作的欢乐和精神上的安定感，与职工同甘共苦。

1930年年初，世界经济不景气，日本经济大混乱，绝大多数厂家都裁员、降低工资、减产自保，百姓失业严重、生活毫无保障。松下公司也受到了极大伤害，销售额锐减、商品积压如山、资金周转不灵。于是，有的管理人员提出要裁员，缩小业务规模。

这时，因病在家休养的松下幸之助并没有这样做，而是毅然决定采取与其他厂家完全不同的做法：工人一个不减，生产实行半日制，工资按全天支付。与此同时，他要求全体员工利用闲暇时间去推销库存商品。松下公司的这一做法获得了全体员工的一致拥护，大家千方百计地推销商品，只用了不到3个月的时间就把积压商品销售一空，使松下公司顺利渡过了难关。

在松下的经营史上，曾有几次危机，但松下幸之助在困难中依然坚守信念、不忘民众的经营思想，使公司的凝聚力和抵御困难的能力大大增强，每次危机都在全体员工的奋力拼搏、共同努力下安全度过，松下幸之助也因此赢得了员工们的一致称颂。

从松下的管理经验中，我们看到了温情管理为员工营造的一种和谐的工作氛围，让员工感受到了家的温馨，增进了企业内部的相互信任，增加了员工对公司的忠诚度。

总之，“良言一句三冬暖，恶语伤人六月寒”。身为职场领导者，我们要学会温暖下属的心灵，要能营造“心齐气顺劲足家和”的局面，形成强有力的核心竞争力。

人生启示

现代企业的管理者们在对待员工时，要多点“人情味”，实行温情管理。所谓温情管理，是指企业领导要尊重员工、关心职员和信任下属，以员工为本，多点“人情味”，少点官架子，尽力解决员工工作、生活中的实际困难，使员工真正感觉到领导者给予的温暖，从而激发他们工作的积极性。

★对于下属和同事，要平和待人

我们都知道，人性中最深刻的原则就是得到别人的尊重。可以说，管理问题从根本上讲是人的问题，领导者只有尊重每一位员工，尊重每一位员工的价值和贡献，才能充分发挥他们的积极性。对此，石油大王洛克菲勒曾说："我知道以耐心、温和的态度对待下属和同事的价值——有利于实现目标。"

管理始于尊重，职场中的年轻人，如果你已经身为管理者，那么，你要明白，尊重员工是身为管理者必备的素养，也是获得下属尊重的前提。

洛克菲勒曾在给儿子的信中提到一些管理经验：

"我当然也希望员工能像忠实的仆人那样为我作更多的贡献，这也许是所有雇主的真实想法，当然，我比他们聪明许多，知道是这些雇员让我们的钱袋鼓起来，我们应该善待他们，我们应该充满感激。我从来不谩骂我的雇员，也不对他们大声说话，更不会像其他富人那样在雇员面前盛气凌人，我给予雇员的是温情、平等与宽容。所有这些合成一个词就叫尊重。尊重别人是满足我们道德感的需要，但我发现它还是激发雇员努力工作的有效工具。标准石油公司的每个雇员都为公司竭尽全力工作的事实让我坚信：给予人们应得的尊重，他们就能将潜能彻底发挥。"

洛克菲勒是这么说的，也是这么做的。他除了给雇员全行业最高的工资，在平时，他还主动关心这些雇员，经常询问他们："你需要什么？"或是"我可以帮上什么忙？"因此，很多在标准石油公司工作的人，都觉得工作充满了乐趣；和洛克菲勒相处，他们也觉得如沐春风。

正如洛克菲勒所说的，做和善、温暖、体贴的雇主，可以使雇员精力充沛，士气高昂。领导者管理的对象是人，不是机器，所以企业领导人应该建立一套柔性管理机制，补充刚性管理机制的不足，这就是尊重。

什么是尊重？关于这一问题，可能很多领导者受到传统君主思想的影响，不知道如何尊重下属。其实，尊重下属就是指员工的私人身份受到尊重。你只有做到这一点，他们才会感受到被重视，做事情才会发自内心，愿意为工作团队的荣誉而付出。

事实上，现实中有不少这样的领导者，他们认为员工喜欢逃避工作，必须加强管理，加强监督，甚至采取一些强制的手段，把员工的时间全部占有，让员工时刻都在自己的视线范围内。而在人性化管理被普遍提倡的今天，这种管理风格显然要受到质疑和挑战。

事实上，要做到尊重员工，还需要你做到尊重员工的私人空间。即使上班时间，你也不要以为可以占用员工的所有时间，因此，你不应时时刻刻监督你的员工，让他们感到窒息。你应该做的是帮助和指导你的员工作好时间管理、作好自己职责范围内的工作规划和计划、作好自己的发展计划，用计划和目标管理员工等。

大部分员工都喜欢享受工作，喜欢有领导魅力的领导；他们有着高度的自觉性和进取精神，把工作视为生活中的重要内容，愿意为自己喜欢的工作付出，愿意为尊重自己的领导分忧解难。如果持续受到尊重，持续得到认可，员工们愿意和领导成为朋友，成为互相促进的工作伙伴。

那么，具体来说，领导者如何在工作中营造出尊重下属的工作氛围呢？

1.礼貌待人

无论是在日常生活中还是与下属交流时，你都应该做到彬彬有礼，谈话时体现你对对方所说问题的关心。另外，千万要记住，不可表现出你的不可一世、对对方的斥责和不屑等。

2.表里如一，赢得信任

也就是说，你所表现出来的行为要与你的内心想法相一致。人们对于那些表里不如一的人尤其是领导者往往是不信任的。

3.建立安全感

“安全”环境其实就是一个轻松、和谐、不用担心被谴责的工作氛围。的确，只有人们在一种安全机制下，才会觉得自己可以轻松投入；而当人们觉得不安全时，会变得有很强的自卫意识，会变得担心、胆怯、敏感等。因此，作为管理者，我们要尝试使用各种方法为员工建立安全的工作环境，从而培养员工的团队精神，使其能创造性地解决问题。

人生启示

作为领导者的你，如果能让员工感受到被尊重，那么，你无须时刻都对员工灌输所谓的敬业奉献，你也不用害怕员工自己管理不好自己。你应该对员工的自我管理水平抱有信心，相信他们定能提高工作效率！

第9章

财富篇——君子爱财，取之有道

人生在世，我们都有个共同的愿望，那就是追求幸福、美满的人生。但大多数人却认为，一个人幸福与否，是和拥有多少金钱相关联的，因为金钱可以买到很多物质类的东西，比如吃穿住行可以通过金钱来改善。诚然，我们每个人都有追求金钱的权利，但一个人如果不控制自己对金钱的欲望，那么，就容易产生错误的金钱观，就什么事都向钱方面想，喜欢金钱以至于不顾一切而盲目，这是一种极端。每个年轻人都应该记住洛克菲勒告诉我们的一个道理：我们要成为金钱的主人，而不是金钱的奴隶。

★只要勤奋，想要获得财富并非难事

初入社会，任何一个年轻人都满怀抱负，希望可以一展拳脚，都希望可以赚取财富。从某种程度上来说，财富积累的多少是其成功与否的标志之一。但现实告诉我们，必须要从最基础的工作做起。这对于心浮气躁的年轻人来说，无疑是更高层面的挑战。洛克菲勒说："财富是勤奋的副产品。"的确，世界上的事情就是这样，成功需要勤奋。同样，生活中的年轻人，在追求财富的路上，你必须要做到勤奋，因为勤奋才是通往财富的唯一坦途。

有人问洛克菲勒："成功的秘诀是什么？"对此，他有两句座右铭，一句是"你要不是赢家你就是在自暴自弃"，一句是"勤奋出贵族"。

美国南北战争期间，有很多人和洛克菲勒一样投入到了挖掘财富宝藏的大潮中，最后，洛克菲勒成功了，而很多人失败了。机会都是均等的，那么为什么会产生不同的而结果呢？"为什么我能抓住机会成为巨富，而很多人却与机会擦肩而过、不得不与贫困为伍呢？难道真的像诋毁我的人所说，是因为我贪得无厌吗？"

洛克菲勒说："不！是勤奋！机会只留给勤奋的人！自我年少时，我就笃信一条成功法则：财富是意外之物，是勤奋工作的副产品。每个目标的达成都来自于勤奋的思考与勤奋的行动，实现财富梦想也依然如此。”

在后来对子女的教育过程中，洛克菲勒依然笃信这一信念，他曾经在给约翰的信中这样说：“约翰，我能取得巨额财富，不过是因为比常人更努力。我原本就是个平常得不能再平常的人，我没有经济基础，但我以坚强的毅力、顽强的耕耘，孜孜以求，终于功成名就。”

刚刚参加工作的洛克菲勒就职于休伊特-塔特尔公司，那时他还是簿记员。但尽管是最简单的工作，他也完成得非常好，因此获得了老板的认可。他永远都记得老板当时对他的鼓励：“你一定会成功，以你这样非凡的毅力，尽管我不明白将来会是什么样子，但有一点我相信，只要你用心去干一件事，你决不会失败。”

洛克菲勒是个从不停止奋斗的人，即使年逾古稀的他还拼杀于商海中，他相信只有奋斗才能让自己的生命生生不息。

的确，正如洛克菲勒说的，勤奋能修炼人的品质，更能培养人的能力。在这个无限变幻的世界中，没有永远的贵族，也没有永远的穷人。要想获得财富，唯一的、正确的方式就是勤奋。一切尊贵和荣誉都必须靠自己的创造去获取，这样的尊贵和荣誉才能长久。

然而，我们不难发现，在我们生活的这个社会中，却有很多富家子弟，他们生活骄奢淫逸、好逸恶劳、挥霍无度，以至虽在富裕的环境中长大，却不免在贫困中死去。也有一些满怀理想的年轻人，在为梦想奋斗的过程中，却做不到一步一个脚印，经常三分钟热度，做不到持之以恒。要知道，任何事情的成功都不是一蹴而就的，需要我们做出一点一滴的付出。小事成就大事，在每件小事上认真的人，做大事一定成绩卓越。可以说，日本著名实业家稻盛和夫的成功，除了来自于他早年的愿望，更是他

坚持与努力的结果。

所以，任何一个年轻人，都要以洛克菲勒为榜样，要坚持不懈地专注于手上的工作，因为世界上许多伟大的事业都是由点点滴滴的细节小事汇集而成的。在小节上能够表现好的人，他在成功之路上一定会少许多漏洞。相反，如果一个人不能关注细节问题，往往会因小失大，自毁前程。完美的细节代表着永不懈怠的处世风格，也是一个人追求成功的资本。

人生启示

要想在与人生风浪的搏击中完善自己，成就自己，享受成功的喜悦，赢得社会的尊敬，高歌人生，只能凭自己的双手去创造；要让人们知道，荣誉的桂冠只会戴在那些勇于探索的人的头上；告诉人们，勤奋是为了自己，而不是为了别人，自己是勤奋的最大受益者。

★我应该是富翁，我没有权利当穷人

相信生活中的年轻人都曾被父母、长辈们教育说，年轻人不能拜金，应该充实自己的内心，然而拜金和对财富的追求并不是一回事。追求财富并没有错，这不仅仅是改善生活的需求，更能激发大脑潜能，是调动大脑思维的最原始的动力。因此，洛克菲勒曾告诫年轻人：“我应该是富翁，我没有权利当穷人。”的确，我们不难发现，生活中，一些人对财富有着一种偏执的观念，他们总是认为，拥有金钱就是罪恶的。事实上，坚守贫穷并不是一种美德，反而还会丧失为朋友、家人服务，为社会贡献的机会。

在洛克菲勒很小的时候，他周围的人很多都在接受拜金思想的影响，大家都怀揣发财梦，一个个都涌向西部淘金；然而，洛克菲勒的母亲却是个很自尊的人，她希望作为长子的洛克菲勒能扛起家庭的责任。打那个时候起，洛克菲勒就立下誓言：我不能沦为穷人，我要赚钱，我要用财富改变家人的命运！当然，很多年后，洛克菲勒做到了。

成功后的洛克菲勒在教育子女这一问题上，也常常向他们灌输正确的金钱观——金钱并不是奋斗的最终目的，但金钱可以帮助我们更好地贡献社会。然而，在他的周围，总是有一些对金钱存在偏执观念的人。

洛克菲勒曾经遇到一个生活清苦的年轻人，他叫汉森，整天节衣缩食，他一直认为生活贫困的人就是品格高尚。这天，他对洛克菲勒说："洛克菲勒先生，我觉得我有责任同你讨论一个问题——金钱是万恶之源，这是《圣经》上说的。"

听完汉森的话，洛克菲勒愣了一下，他终于知道是什么导致这个年纪轻轻的小伙子不去努力工作、挣钱了，因为他误解了《圣经》给我们的人生教诲。

洛克菲勒不希望这个年轻人再这么"沉沦"下去了，于是，他告诉汉森："小伙子，我也曾接受基督教的熏陶，但似乎我的记忆力还不错，我记得你说的这句话原话应该是这样——'喜爱金钱是万恶之源'。"

"什么？"汉森吃惊极了。

"是的，年轻人，我们都敬畏《圣经》，我们可以直接引用它的智慧，以引导我们怎么去爱，但必须要直接引用的内容才是真理。而'喜爱金钱是万恶之源'这句话才是直接引用的。喜爱金钱只是崇拜的手段，并不是目的。如果你没有手段，就无法达成目标，也就是说，若一个人只知道当个守财奴，那么金钱才是万恶之源。"

接下来，洛克菲勒继续引导汉森："年轻人，你不妨想想看，如果你有了钱，你能做些什么？你可以救助你的家人，朋友，带给他们一些快乐，也可帮助那些需要帮助的社会人，那么，你的金钱就成为幸福之源。你不该再被那些偏执的观念束缚你的手脚了，你现在还年轻，应该充分利用时间去挣钱，让自己富裕起来。你应该致富，而且能够致富。记住，小伙子，你虽是尘世间的匆匆过客，却也要滑出一道人生的光亮。”

当然，最后洛克菲勒也不知道这位叫汉森的年轻人有没有听进去他的话。

的确，从洛克菲勒的话中，我们能看到金钱的正面作用。现代社会，金钱虽不是万能的，但没有金钱，却是万万不能的。如果一个人否定了金钱，那么，至少我们可以肯定的是，他便没有为家人和朋友、社会贡献的机会，也只能谈论没有面包的爱情。

当然，年轻人，要想拥有财富，你就要善于动脑，要运用智慧。当今社会，一切竞争都可以归结为头脑的竞争，因为头脑能催生出创意，能从根本上决定成功与失败。因此，任何一个年轻人，如果你希望获得进步，希望在未来也和洛克菲勒一样有一番成就，那么，从现在起，你就要重视思维能力的培养。

另外，你还需要注意的是，追逐财富并不为过，但千万别为了赚钱而赚钱，你要让金钱当你的奴隶，而不能让自己当金钱的奴隶。

人生启示

金钱本身并不是罪恶的，只有把敛财当成人生目标，才是错误的金钱观。任何一个年轻人，都要趁年轻的时候努力挣钱，并让你的财富产生积极的意义，这才是有价值的人生。

★要有视金钱如粪土般的精神

关于洛克菲勒，在很多人眼里，他是个节俭成性的资本家，但事实上，他还是美国最大的慈善家。20世纪20年代，洛克菲勒基金会成为世界上最大的慈善机构，他赞助的医疗教育和公共卫生是全球性的。他一生直接捐献了5.3亿美元，他的整个家族对慈善机构的赞助超过了10亿美元，其中中国受益尤多，接受的资金仅次于美国。1915年，洛克菲勒基金会成立了中国医学委员会，由该委员会负责在1921年建立了北京协和医科大学，这所大学为中国培养了一代又一代掌握现代知识的医学人才。

一位检察官曾这样称赞过他："除了我们敬爱的总统，他堪称我国最伟大的公民。是他用财富创造了知识，舍此更无第二人。世界因为有了他而变得更加美好。这位世界首席公民将永垂青史。"丘吉尔则这样评价他："他在探索方面所作的贡献将被公认为是人类进步的一个里程碑。"

关于财富，洛克菲勒的观点是："在我眼里金钱像粪便一样，如果你把它散出去，就可以做很多的事；要是把它藏起来，它就会变得臭不可闻。"的确，洛克菲勒认为要么将钱财拿出来投资，要么拿来帮助他人。

生活中的每一个年轻人，也要树立正确的金钱观。人活于世，的确要有一定的物质基础的保障，人们对财物的需要，也只是为了生存和发展。而如果你把敛财看成了一种嗜好，把财富看得太重，觉得财富比其他一切都重要，那么，你的财富也就失去了真正的作用。

在教育子女上，洛克菲勒也一直有意识地灌输他们慷慨地奉献金钱的精神。有一次，他的儿子西恩和几个朋友成立了一个为救助非洲贫困人口募捐的基金会，洛克菲勒对儿子的举动大加赞赏。

在经历了一个月的筹备后，基金会终于成立了，西恩被推举为基金会的会长。在基金会成立这天，洛克菲勒也被邀请参加，并在大会上发表了演讲。

上台后，洛克菲勒以愉快的语调说：感谢大家莅临基金会的成立大会，有这么多人参加大会，我认为有爱心的人越来越多了。

在我看来，人生应该有两个层次的目标，第一是得到我们要的东西；第二是分享它。然而，只有那些有智慧的人才能做到第二个目标。我从不否认自己是个事业成功的人。到现在为止，我确实获得了一定的财富，我的事业也越做越大，但是我从不认为拥有金钱就是拥有财富，真正的财富应该还包括健康、幸福、友情、爱情等；我从不认为自己现今的成就仅凭自己一人之力就能获得。诸位知道我是一个白手起家的人，我认为我的财富是神赐的，所以我想我、包括在座的各位都应当善用财富。不能好好利用财富，它就会变成我们的一项负担，利用财富胜于拥有财富。金钱，其实可以换来一定数量的面包和玉米，这些词听起来多么温暖，现在，我想是该将这些面包和玉米分享出去的时候了。将自己的慷慨之心、自信奉献出去，是多么有价值的一件事；而反过来，这样做对自己也有好处，因为我们获得了快乐和安心。

可以说，我们生活的周围，有很多功成名就的人，但能和洛克菲勒一样将自己的财富慷慨地捐献出去的富人却为数不多。曾经有人说，“钞票放在银行就等于毫无用处的废纸”，洛克菲勒正是因为认识到金钱的真正价值所在，所以才将这些钱财“散”出去，去帮助需要帮助的人和群体。

生活中，总是有这样一些人，他们是金钱的奴隶，而不是主人。对这类人来说，唯有金钱、财物才是最为重要的。为钱而钱，为财而财，敛钱、敛财是这类人的最大嗜好，也是人生的最大目的。他们的生活公式是：挣钱、存钱、再挣钱、再存钱……他们最大的乐趣是“数钱”、“敛财”；他们的哲学是：多了还要多，永远不会有满足的时候。

所谓“赠人玫瑰，手有余香”，因此，每一个年轻人，在追求自己财富梦想的时候，也要扩展自己的心胸，学会为他人在金钱上付出，这样，你才能变得更加豁达。

★每天都在为了钱而挣钱的人，是最可悲的

我们知道，在现代社会，放眼所及，在我们的周围，很多人通过经商、做生意成功获得了财富，他们比其他人生活得更富足，这令我们羡慕不已。于是，就有一些人，为了追求财富、为了满足物质的欲望，失去了正确的价值观判断，使得自己的生活疲于奔命，或者心生为非作歹的念头，从而造成了社会中的不安气氛。有道是“君子爱财，取之有道”，追求利润并非罪恶，但是，方法必须是符合人道的。并不是不管干什么，只要能赚钱就行，为了获取利润必须走正确的道路。牟利之心是经商或其他人类活动的原动力，所以，任何人都可以有赚钱的“欲望”。但是，欲望不能只停留在利己的范围内，同时也要有利于他人的“欲壑”，谋求公共利益。

洛克菲勒在自传中曾说：“如果一个人每天醒着的时候把时间全用在为了钱而挣钱上面，我不知道还有比这样的人更可鄙、更可怜的了。”这句话告诉所有追求财富的年轻人，赚钱一定要光明正大。

另外，过度地追求财富应该适可而止了。不应把国家和个人的目标放

在追求物质的富有上，精神富有才是“知足”的生活方式；而精神富有的一个重要来源便是利他，这样的思维方式和生活态度是我们每个人都应该具备的。

因此，任何一个年轻人，都应该谨记洛克菲勒的忠告，应该控制自己的私欲，要有知足、与他人共享的宽容之心或者给予他人、满足他人的体谅之心。

我们先来看下面一个寓言故事：

张三是一个出名的吝啬鬼。

一天，他家来了客人，到了午饭的时间，他只给客人端来一碗稀饭。就在这时，门外来了一个卖熟牛肉的，他的客人便不客气地说：“给我买斤牛肉吧，在你家总是喝稀饭。”

听到客人这么说，张三不好回绝，便出去买牛肉了，他让客人在屋内等候。过了一会儿，外面传来了张三与卖牛肉者砍价的声音。

“三块一斤行不行？”“不行！”

“五块一斤行不行？”“不行！”

“七块一斤总行了吧！”“不行不行，一百块也不行！”

张三回来对他亲戚说：“不知怎么的，他就是不肯卖给我。”客人只好自认倒霉。

晚上他妻子训斥他：“你是傻了吧，三块一斤不行，还要七块？”张三说：“哪儿呀，我是拿砖头和他换呢！”

这虽是一则幽默，却看出吝啬之人的自私。吝啬破坏了人类所固有的仁爱、同情之心，破坏了美好的社会关系、伦理关系和道德关系，对一些社会成员造成了精神及肉体上的伤害。因此，我们应当尽快消除吝啬心理。

当然，年轻人，在赚钱过程中，如果你能考虑到员工、合作者的利益，那么，你一定能获得更多人的支持。我们再来看看下面的谈判案例：

某客户准备为自己的饭店购进一些桌椅，于是，他和家具公司的代表进行了谈判。

客户："我觉得那套棕色木质家具看起来比较大方，而且我一直比较喜欢木质的东西……"

销售方："请问您的饭店大厅有多少平方米？"

客户："我的饭店有100平方米，买二十套这样的桌椅应该能放得下。"

销售方："您看一下这套家具的宽度，放在100平方米的饭店大厅里会不会让剩余的空间太狭窄了？其实主要是我们这里这个展厅比较大，很多人一进来就相中了这套家具。实际上那套小巧玲珑的家具更适合现代餐厅布局的特点，而且价格也比刚才那套实惠很多。"

客户："你说的对，我还是买这套小一点的吧。"

作为销售方的谈判代表，他并没有为利欲熏心，而是从客户的实际情况出发，及时提醒了客户：购买贵一点的那套木质家具是不适合的。这位谈判者这样说，会让客户从心里感激他，并觉得他是一个具备难得品质的人，自然毫不犹豫地达成了谈判的目的。的确，不仅是销售员，真正会做生意的人总是会在第一时间考虑客户的要求。一旦你掌握了这种方法，你的工作就能够更顺利地进行，并且你不只是做成一笔生意，还赢得了一名忠实的客户，而忠实的客户给你带来的利益是不可估量的。

总之，就赚钱来说，慷慨的行为除了为自己、为他人还包括为社会。对于追求成功的年轻人来说，如果你能坚持这样的思维方式，那么，你的人生之路将会走得越来越稳、越来越平坦！

人生启示

君子爱财，取之有道，真正的商人应该意识到对他人有利才是对自己有利。一味地以赚钱为目的，只能让我们最终沦为金钱的奴隶。

★为了创造更好的运气，有时候你需要借钱

生活中，我们总是强调做事要脚踏实地，但脚踏实地并不等同于故步自封，也并不是否定冒险的价值。事实上，我们也不难发现，那些致富成功的人，他们的“第一桶金”有时候不是赚来的，而是借来的。只靠自己一点一滴、日积月累挣钱发达的人少之又少，更多的人是因借钱而发财，这其中的道理并不深奥，一块钱的买卖远远比不上一百块钱的买卖赚得多。这正如洛克菲勒所说的：“借钱是为了创造好运。”

因此，生活中的年轻人，如果你看到一个好的时机，那么，即使借钱，你也要赌一把。

那么，大多数情况下，人们为什么不愿借钱呢？其实很简单，因为他们输不起。用借来的钱去闯荡，他们会感到不安，他们既想赢，又怕在冒险的世界里输；而输掉的钱又不是他们自己的，而是借来的，还得支付利息。为此，他们战战兢兢，最终选择了放弃眼前的机会。

事实上，无论是赚取财富，还是赢得人生，优秀的人在竞技中想的不是输了我会怎样，而是要成为胜利者我应该做什么。眼光长远，看到成功后的路，也许你就有了勇气。

洛克菲勒在给儿子的信中，曾提到这样一件事：

有一天，洛克菲勒被告知，他的炼油厂失火了。炼油厂失火，多么严

重的事！洛克菲勒损失惨重，虽然他曾经为炼油厂买过保险，但即使要赔付保险金，也需要保险公司走完流程，这是需要一段时间的；而他又急需一笔钱来重建炼油厂，于是他只得向银行借贷。然而，在与银行工作人员交涉的过程中，他遇到了极大的难题。

石油行业本身就是一个高风险行业，每个银行在为这一行业提供贷款时都是抱着一颗冒险的心的，再加上洛克菲勒的炼油厂刚刚又损失惨重，那些银行家们当然不愿意立即为洛克菲勒放贷了。

就在洛克菲勒束手无策时，有一个叫斯蒂尔曼的人出现了，他带着一名提着保险箱的职员出现在了会议室，他对其他几位董事说："听我说，先生们，洛克菲勒先生和他的合伙人都是非常优秀的年轻人，如果他们想借更多的钱，我恳请诸位要毫不犹豫地借给他们。如果你们希望更保险一些，这里就有，想拿多少就拿多少。"他用诚实征服了银行家。

洛克菲勒开心极了，他很庆幸自己用诚实征服了这些银行家。

正如洛克菲勒说的，诚实是一种方法。赢得信任，他人才会借钱帮你渡过难关。在洛克菲勒创业之初，他曾多次欠下巨债，甚至不惜把自己的企业抵押给银行，结果是他成功了，创造了令人震惊的成就。

的确，一个人，要想拥有财富，就要学会运用金钱，就要学会赚钱。常有人说，冒险的人经常失败。但成功的人又何尝不是冒险的人呢？我们总担心借钱会让我们举债，但借钱并不是坏事，只要你不把它看成救命稻草，只在危机的时候使用，而把它看成是一种有力的工具，你就可以用它来开创机会。否则，你就会掉入恐惧失败的泥潭，让恐惧束缚住你本可大展宏图的双臂，而终无大成。

法国作家拉伯雷曾说："不敢冒险的人既无骡子又无马，过分冒险的人既丢骡子又丢马。"这句话的含义是，我们每个人都应该有冒险精神，但绝不能盲目冒险。

的确，在今天开放的全球化世界中，随机性和偶然性越来越大，机遇往往变幻莫测，难以捉摸。在如此不确定的环境里，勇气就成了最宝贵的资源。人这一生最可悲的不是没有能力，而是没有勇气。当机遇一次次擦肩而过时，如果没有勇气去抓住，那么其他方面再怎么强也没有用。相反，一旦我们有了充足的勇气，哪怕自己的条件比不上别人，成功的机会也比别人更多。

总之，生活中的年轻人们，无论你失去什么，都不能失去勇气，勇气是你走进目的地、开启成功之门的钥匙。在机会面前，即使要举债，你也可以赌一把；当然，但这并不是说你可以盲目冒险，培根曾说："我们要时时注意，勇气常常是盲目的，因为它没有看见隐伏在暗中的危险与困难。因此，勇气不利于思考，却有利于实干。所以对于有勇无谋的人，只能让他们做帮手，而绝不能当领袖。"

人生启示

机会总是稍纵即逝的，如果在你面前出现的机遇需要金钱的支撑，那么，借钱就能为你创造好运。当然，这需要你付出诚信，因为没有人愿意将金钱借贷给信誉不佳的人！

★正确的态度将我们的财富路拓展得更远

洛克菲勒曾说："正确的态度将我们引向致富之路，错误的态度却可能导致人财两空。"这句话是要告诫生活中的年轻人们，一定要树立正确的财富观，如何处理我们的金钱，很多时候决定了我们的人生。

我们发现，在物质生活水平急速发展的社会，一些年轻人形成了一种“唯钱是亲”的不健全人格，导致这一现象的很大一部分原因是：生活的环境过于优越，在金钱上铺张浪费。要知道，物质生活的奢华容易使人产生一种贪得无厌的心理，而对物质的追求往往又难以获得自我满足，这就是为何贪婪者大多并不快乐的根本原因。另外，一个人过于注重物质生活，再富裕最终也会千金散尽，导致人财两空。

在教育子女这一问题上，洛克菲勒一直秉持让孩子们勤俭持家、适度消费的原则。

一次，洛克菲勒拿到了儿子西恩的交际账单，洛克菲勒看后皱起了眉头。西恩最近在消费上实在有点过火了，于是，他来到办公室，开门见山地跟西恩谈起了这个话题。

“你不觉得你最近的交际费用有点太多了吗？我记得，我们的客户中没有什么达官贵族吧，可是怎么会花出去这么多钱？我猜想，大概是你以款待皇宫贵族的方式来款待一般客人了吧？我并不是在乎钱，我想知道的是，你是不是也已经跟他们一样有了皇族一般的消费习惯。”

“可是，爸爸，这样做，完全是为了吸引客户啊！您想想看，在参观过我们的厂房后，难道只用一般的食堂套餐来招待那些贵宾吗？”

“西恩，我不否认应该展示公司的财力，但铺张浪费并不可取。客户们在乎的是我们能不能给他们带来利润，而不是浪费财富，他们是拒绝与这种傻瓜打交道的。客户也精明得很，那些一掷千金、花钱如流水的人，大多数顾客都会对其敬而远之，因为他们会考虑你所花的钱不正是通过跟他们的交易而得到的利益吗？并会由此而产生动摇。”

停了一会儿，洛克菲勒的语气缓和了一些：“我们的金钱有两种用途，一种是投资事业，期待着高收益；一种是通过使用来得到快乐与幸福。”

“在花钱这一问题上，如果我们和周围的人比较，那么，我们的花销会越来越大，存款会越来越少，能用在投资上的钱也越来越少，因此，我们必须控制住自己花钱的欲望，应该想到若可维持一定程度的生活水准便足矣，在此之上的宽裕不妨视之为自己努力的额外报酬——正餐后的甜点吧。”

西恩若有所思地说：“爸爸，或许真的是我错了，我会重新安排的。”

“西恩，我并不是强调你要去过那种清苦的、苦行僧似的生活，那也是不现实的，但我们必须要树立正确的金钱观。钱财是有极大的用处的，积累财富的过程也不容易，而败家却很迅速。当然，如果你害怕自己控制不住花钱的习惯，你可以用这些钱去帮助那些需要帮助的人，这些人实在太多了。”

这里，洛克菲勒向他的儿子以及所有年轻人传达了一个财富观——用之有度。对此洛克菲勒是这样解释的：人生为过客，你一生中拥有的任何东西都不属于你个人，而是被交托到你手中的。这种观念带来责任感——你必须小心处理所拥有的一切，并正确地运用财富造福众人。

总之，生活中的年轻人，如果你心中有个财富梦，那么，在追求财富的同时，你还要树立正确的金钱观，决不能挥霍无度，适度消费、理性投资会帮助你赚取更多的财富。当然，在拥有一定的财富后，你还应该感恩社会，将你的财富发挥出其正确的价值！

人生启示

我们是否拥有财富与我们对待财富的态度和创富过程中明智的选择关系极大。金钱的奥妙无穷，创富的过程也复杂艰难，一个人要成功创富绝对少不了对金钱的正确态度。

★金钱是我们的奴隶而已

“天下熙熙，皆为利来，天下攘攘，皆为利往。”的确，对于人们来说，金钱的威力是巨大的：金钱可以买到可口的饭食，可以买到华丽的服饰，可以买到舒适的服务，可以买到很多我们想得到的东西。可以说，没有钱是万万不能的。在市场经济条件下，一个人如果身无分文，将不得不面对寸步难行、无法生存的境地。所以，从某种程度上说，拥有金钱的多少就体现了个人的人生价值。金钱，确实是人享受幸福生活的条件，却又不是幸福生活的全部，“家有金山银山，不过一日三餐”，房子再大，晚上睡觉不过一张床，衣服再豪华，其作用也不过是遮丑避寒。其实，我们的需要极其有限。现实生活中，往往有些人在实现最终目标的过程中，在实现阶段性目标时做了与实现最终目标背道而驰的事，让手段掩盖了自己的目的。

洛克菲勒曾经写了一封信给他的儿子，信中有这样的内容：“我的儿子，这个世界上，除了圣人，绝大多数人，都受到利益的驱使，这是一种特殊的力量，能将人们暴露在人性的外衣下。也就是说，利益是光照人性的影子。在它面前，一切与道德、伦理有关的本质都将现形，且一览无余。也许你认为我的话有些绝对，但这么多年的经历告诉我事实就是这样的。在我少年时代，我已经认识到了金钱的重要性，但我同时也看到了更高层面的含义，它不仅能帮助我的家人过上衣食无忧的生活，更可通过巧妙的投资，将这些钱花出去，换来道德上的尊严。相比来说，我觉得后者更能让我激动不已。

我的儿子，没有比为了赚钱而赚钱的人更可怜、更可鄙的。我懂得赚钱之道：要让金钱当我的奴隶，而不能让我当金钱的奴隶。我就是这样做的。”

的确，生活中，任何人都要生存，于是，他们因地因时制宜，千方百计去挣钱：有的出卖自己的劳动力，有的出卖自己的知识，有的出卖自己的智慧，有的出卖自己掌握的信息。俗话说“人穷志短”，“一分钱难倒英雄汉”。然而，金钱，只有在消费它的时候，才能体现它的价值，放在家中，就只是一堆废纸，且比废纸更让我们劳心费力；存在银行，只是一个数字，并不比一个普通数字更能为我们带来乐趣。当我们过分看重金钱时，金钱就失去了它原本的使用价值。

马克思说资本家对利润的追求是贪得无厌的。其实，不仅仅是资本家，每个人都有追求利润最大化的本能和动机，因为金钱是人存在于世上最基本的条件之一。而有人追过了头，把对金钱的追求当成了最终并唯一的目的。

《白鹿原》中有一句话，“房是招牌地是累，攒下金钱是催命鬼”，确实是这样的。人们常说，没有金钱是万万不能的，但这并不代表金钱是万能的，金钱买不了健康、寿命、幸福，因此，我们不应过分地追求金钱，尤其是不能以破坏法律和道德的底线为代价。

子曰：“富与贵，是人之所欲也，不以其道得之，不处也；贫与贱，是人之所恶也，不以其道得之，不去也。君子去仁，恶乎成名？君子无终食之间违仁，造次必于是，颠沛必于是。”这句话的含义是：“钱与地位，这是人人都想得到的，但如果不是用仁道的方式得来，君子是不接受的；贫穷低贱，这是人人都厌恶的，但如果不是用仁道的方式摆脱，君子是不摆脱的。君子一旦离开了仁道，还怎么成就好名声呢？所以，君子任何时候，哪怕是在吃完一顿饭的短暂时间里也不离开仁道，仓促匆忙的时候是这样，颠沛流离的时候也是这样。”

总之，生活中的年轻人，一定要谨记，君子爱财取之以道，只有自己辛苦赚的钱才是收获的真正利益。

人生启示

“君子爱财，取之有道。”什么“道”？合法之道。说到底，也就是仁义之道——仁道。仁道是安身立命的基础，生活的原则。一个人，无论是富贵还是贫贱，无论是仓促之间还是颠沛流离之时，都绝不能违背这个基础和原则。只有做到这样，我们才能让金钱成为我们的奴隶，而不是使我们成为金钱的奴隶。

★别愤愤不平，金钱不万能，却是提高生活水平的工具

有人说，在人类的灵魂里，同时住着魔鬼和天使，他们一直在角斗。魔鬼，一定代表罪恶；天使，一定代表善良。魔鬼与天使的差别往往只是一念之差，一步之遥。那么，年轻的你，心里住着的是魔鬼还是天使呢？

洛克菲勒说：“金钱可以用来做坏事，也可以是创造美好生活的工具。”确实，能否将金钱花得有意义，也在我们一念之间，但为善还是为恶，是可以通过思维控制的；是善意的思考还是恶意的思考，自然而然就会导致事物最终走向不同的结果。

给予是健康生活的奥秘……年轻人，在拥有金钱的时候，如果你能将其贡献于社会，投身于建设社会，帮助那些需要帮助的人，那么，你的内心一定能获得一份满满的快乐。

在洛克菲勒的家信中，他讲述了自己曾做过的一件有意义的事：

洛克菲勒的标准石油公司曾被西奥多·罗斯福先生开出一张巨额罚单，并下令公司解散，这确实让洛克菲勒很愤慨。他曾经说，“我相信我

们所有的公司不是垃圾，我们有杰出的管理队伍、有充足的资金，我们可以抵御任何风险与打击，我们的财富将因它们健康的肌体滚滚而来。等着瞧吧！我们会有暗自窃喜的时候。”

后来，美国发生了严重的信贷危机，所有银行都排满了人，民众已经对政府失去了信心，联邦政府无力保证黄金储备，华盛顿转而向摩根先生求助，但摩根也无能为力。

此时，作为被人们称为钱袋先生的洛克菲勒应该做点什么了，于是，他打电话给斯通先生，请美联社引用他的话，告诉美国民众：我们的国家从不缺少信用，金融界的有识之士更以信用为生命。如果有必要，我情愿拿出一半的证券来帮助国家维持信用。请相信我，金融地震不会发生。

终于，华尔街逐渐走出困境，洛克菲勒也受到了媒体和政府的高度嘉奖，就像《华尔街日报》评论的那样，“洛克菲勒先生用他的声音和巨额资金帮助了华尔街”。

洛克菲勒告诉自己的儿子，无论是报纸还是周围的人，都对那些在金钱上慷慨的人大加赞誉。但帮助别人，不是为了获得赞誉，而是为了获得良心的平静。

事实上，洛克菲勒一直是一个心系国家的人。在四十多年前，当大家都在为解放黑奴而战斗的时候，他因为公司刚开业而未能参战，这件事一直萦绕在他内心，让他良心不安，因为他认为当祖国需要自己时，自己未能尽一份力。而信贷危机时，他认为自己该出一份力了。

洛克菲勒并不因为自己的这一举动而自命不凡，因为他明白，自己是公民，而且有巨大的财富，所以他承担着比常人更大的社会责任。比拥有巨大财富更崇高的是，他按照祖国的需要为祖国服务。

因此，他经常告诫自己的子女：“我们是有钱，但在任何时候，我们都不该肆意花钱。我们的钱只用在给人类创造价值的地方，而绝不能给任何有私心的人一点点好处。”

有人说，名誉和美德是心灵的装饰，如果没有它，即使肉体再美，也不应该认为美。洛克菲勒虽然拥有巨大的财富，却始终不忘自己作为一个公民和社会人的责任，正如他所说的，在国家社会需要帮助时慷慨解囊，是为了让自己安心。

大部分年轻人可能认为，我只不过是个普通人，哪里能和那些伟大人物相比？这里，你们需要明白的是，心智的磨炼和人格的提高都应来源于日常生活，只要我们从身边做起，多关心国家大事、社会新闻，多关心慈善事业，多为他人伸出援助之手，那么，哪怕你只捐出一块钱，哪怕你只是简单地拾起了马路上的一片废纸，你也是高尚的！实际上，我们生活的周围一直都不缺乏那些为他人、为社会贡献力量的善良的人。例如，2008年汶川地震后，多少热血青年身赴灾区，帮助那些深陷困境中的人们、支援灾后重建工作；很多创业者成为成功的企业家后，都不忘回馈社会，用自己的绵薄之力支持慈善事业；一些闹市中的青年们，在忙碌之余，会带上自己的爱心来到孤儿院、敬老院，为他们带来欢乐……善心是人类与生俱来的本性。的确，人的内心充满至深至纯的幸福感，往往不是因为满足自我，而是在满足了“他人”的时候。而且，聪明的人应该能注意到，奉献于他人并不仅仅只是对他人有利，终究还将有利于自己。

人生启示

金钱的作用是微妙的，它可以是罪恶的根源，也可以是善心的延伸。任何一个渴望获得财富的年轻人，都要学会正确看待金钱，将获得的财富用在正途上，这样你不仅能得到美誉，还能得到良心的安宁。

第10章

商业篇——无规矩不成方圆，出手前先掌握规则

生活中，我们常听周围的人说：“商场如战场。”从这句话里，我们就能看出商业竞争的激烈，也能想象出一个人若想在商界拥有自己的一席之地需要何等的智慧和手腕！而洛克菲勒就是这样一个人，在他所在的行业乃至整个商界，他就是威信的代表。他告诉那些渴望在商界成功的年轻人，一定要有成功的信念、智慧，以及修炼自己的能力。的确，任何一个人，当他具备了所有成功的要素后，他还会不成功吗？

★有成为富翁的信念，谁也无法阻挡你

洛克菲勒曾说过一段话：“即使你们把我身上的衣服剥得精光，一个子儿也不剩，然后把我扔在撒哈拉沙漠的中心地带，但只要有两个条件——给我一点时间，并让一支商队从我身边路过，那要不了多久，我就会成为一个新的百万富翁。”从他的这段话里，我们大致能看出洛克菲勒为什么能够成为商业巨头：第一，他有很大的常人没有的自信，这就是信念的作用；第二，他能找到经营商业的两个最重要要素——时间和客户。

相信生活中的很多年轻人，也都希望如洛克菲勒一样，成为商界精英，那么，你就应该记住洛克菲勒给我们的忠告。

1.树立积极心态，要有成功的信念

人人都希望自己能成功，也都不甘平庸。但要想成功，我们又不得不面对这样一个事实：在这个世界上，成功卓越者少，失败平庸者多。成功者自信、潇洒，而失败者空虚、自卑。

成功学的始祖拿破仑·希尔说，一个人能否成功，关键在于他的心态。一个人如果心态积极，乐观地面对人生，乐观地接受挑战和应付麻烦事，那他就成功了一半。

在推销员中，广泛流传着这样的一个故事：两个欧洲人到非洲去推销皮鞋。由于炎热，非洲人向来都是打赤脚。第一个推销员看到非洲人都打赤脚，立刻失望起来："这些人都打赤脚，怎么会要我的鞋呢？"于是放弃努力，失败沮丧而回。另一个推销员看到非洲人都打赤脚，惊喜万分："这些人都没有皮鞋穿，这皮鞋市场大得很呢！"于是想方设法，引导非洲人购买皮鞋，最后发大财而归。

这就是心态不同导致的天壤之别。同样是非洲市场，同样面对打赤脚的非洲人，由于一念之差，一个人灰心失望，不战而败；而另一个人满怀信心，大获全胜。

生活中，失败平庸者多，主要是心态有问题。遇到困难，他们总是挑选容易的倒退之路："我不行了，我还是退缩吧。"结果陷入失败的深渊。而成功者遇到困难，仍然能保持积极的心态，用"我要！我能！""一定有办法"来鼓舞自己的斗志，赢得了胜利。

2.重视客户资源

任何一位商业经营者都知道先交朋友、再做生意的道理。人脉资源越丰富，客户的门路也就越多；你的人脉档次越高，你的钱就来得越快、越多，这已经是有目共睹的不争事实。

我国的大文学家曹雪芹说过："世事洞察皆学问，人情练达即文章。"在某些方面来讲，也说明我们若要在商场做出成绩来，就要挖掘我们需要的客户资源，就要懂得从人际交往和应酬中积累人脉，毕竟"多个朋友多条路"，"先赚人气，再赚信誉"，一个善于结交朋友、善于累计口碑的人，不但会处处受欢迎，而且遇难有人帮、办事处处通！

3.珍惜时间

当今社会，市场竞争异常激烈，市场风云瞬息万变，市场信息流的传播速度大大加快。可以说，谁能抢先一步获得信息，谁就能捷足先登，独占商机。因此，参与商场竞争，你一定要明白，这是一个“快者为王”的时代，速度已成为企业的基本生存法则，企业改革容不得你“慢一步”。否则，你就会被市场这个大鱼塘中的“大鱼”吞噬掉。另外，把握时间还意味着你要有高度的嗅觉、具有对商业环境和市场机会敏锐而深刻的洞察力，先于别人看到未来的趋势和变化，才能够从容不迫地作出快速反应和抢占先机。

人生启示

任何一个年轻人，要想在商场竞争中获胜，就必须要有必胜的信念、丰富的人脉资源，还要有先人一步的行动。掌握了这几个要素，即使身处沙漠，你也能杀出一片天地，赢得一片绿洲。

★只要身上还有一分钱，你就不是一无所有

商界巨人洛克菲勒曾说：“记住，只要有一分钱在身上，你就不是穷得一个钱也没有…… ”洛克菲勒这个名字在很多人看来意味着财富。他凭借自己的精明、远见、魄力和手段，白手起家，最终建立起自己庞大的实业帝国。的确，“不可能”只存在于你的心中，只要你能超越自己的心理极限，你会发现做什么事情都游刃有余。

相信每个年轻人都有自己的财富梦，也都希望自己能在商界打拼出自己的一片天地。那么，不管现在你的资金到底有多少，只要你相信自己，并开动自己的大脑，寻找商机，那么，你就会成功。

事实上，世上有很多适合白手起家的生意，只要你做一个有心人，

你必能找到这样的生意。很多看似卑微的工作却正是最伟大的事业，比如卖拉链的、做纽扣的都能跻身世界500强。贫穷的人，没有创业资金，可以从那些别人看不起的行业做起，可能一不小心，就跨入了世界500强之列。

的确，生活中，很多年轻人充满理想，但一旦他们把自己的理想和现实联系起来的时候，就认为不可能，而这种“不可能”，一旦驻扎在心头，就无时无刻不在侵蚀着我们的意志和理想，许多本来能被我们把握的机遇也便在这“不可能”中悄然逝去。其实，这些“不可能”大多是人们的一种想象，只要你能拿出勇气主动出击，那些“不可能”就会变成“可能”。

乐安居董事长张庆杰就以700元起家成了亿万富翁。

他和很多家庭贫困的农家孩子一样，在读完小学以后就开始赚钱了。

刚开始，他做的是卖水果的工作，但他知道，光靠卖水果，是卖不出什么出息的。所以，就在1987年，他带着身上仅有的几百元南下来到深圳。

在刚到深圳的日子，他找不到好的营生，只好继续卖水果，每年累死累活，也只能挣几百块钱。

一天，在卖水果的过程中，他听到几位老乡在谈话，说的是深圳有很多村民到香港种菜，每天都会捎回一些味精、无花果等。这些东西利大又好卖。聪明的他发现，这是一个好的点子，于是，说干就干，他开始走村串户收购无花果、衣服、袜子等，再拿到市场去卖。

这虽然是一个小买卖，但本钱少，买的人多，他的生意很好。他买回的东西不到一小时就卖完了。他想出一个办法：东西一脱手，他就马上再去收购，然后再卖……1987年，他赚到了16000元。有了这笔钱，他开始摆地摊。后来，他经营过服装，又从服装业转向珠宝，事业才开始大大发展起来。

可能很多年轻人会问，用700元能做什么？但这个问题也只有在实践和行动中才能找到答案。张庆杰也是这样做的，他从自己最熟悉的水果生意做起，艰苦奋斗，积累资金，寻找机会。

总之，任何一个年轻人，如果你渴望成为一个成功的商界精英，你就要有洛克菲勒般的韧性。因为成功者之所以能成功，就是因为他们对“不可能”多了一分不肯低头的韧劲和执着。

人生启示

很多时候，不是有些事情难以做到，而是你没有信心；只要你有信心，没有什么事是不能做到的。把“不可能”从你的词典中删去吧，即使我们真的碰到了“不可能”，我们也应该这样想：“不是不可能，只是暂时还没有找到解决问题的方法。”在成功者的眼里，越是不可能做成功的事，越可能成功。

★把每一分钱花对是一种需要培养的情趣

洛克菲勒曾说：“我研究有钱人的时候，发现只有一个方法能使他们花了钱后得到真正的等价物，那就是培养一种情趣，把钱花得可以产生持久满足的效果。”这句话为很多正处于困惑中的年轻人指明了出路：商业活动中，为什么对方总是拒绝？因为你没有培养对方的“情趣”，没有让他意识到自己对产品的需要。

的确，在这个商业社会的信息时代，我们时时刻刻都面临着形形色色的谈判。大部分年轻人，人在商场，难免要穿梭在各种各样的谈判桌间。在一些谈判中，你需要达到的谈判目的是：成功将产品卖给谈判对手。但事实上，要做到这一点并非易事，因为对手始终保持的论调是，我不需要！此时，如果你能为其创造需求，点醒其不知的潜在所需，那么，对方便会自发认同我们。但我们该如何为谈判对方创造需求呢？对此，我们不妨先来看看世界顶级销售员库尔曼的一次与客户交涉的经历：

斯科特先生是一家食品店的老板。库尔曼曾向他推销自己所在的保险公司有史以来最大的一笔寿险：6672美元。当库尔曼向斯科特先生问道“斯科特先生，您是否可以给我一点时间，为您讲一讲人寿保险”时，斯科特说：“我很忙，跟我谈寿险是浪费时间。你看，我已经63岁，早几年我就不再买保险了。儿女已经成人，能够好好照顾自己，只有妻子和一个女儿和我一起住，即便我有什么不测，她们也有钱过舒适的生活。”

换了别人，斯科特这番合情合理的话，足以让他心灰意冷。但库尔曼不死心，仍然向他发问：“斯科特先生，像您这样成功的人，在事业或家庭之外，肯定还有些别的兴趣，比如对医院、宗教、慈善事业的资助。您是否想过，您百年之后，它们能否正常运转？”

见斯科特没说话，库尔曼意识到，自己问到了点子上，于是趁热打铁说下去：“斯科特先生，购买我们的寿险，不论您是否健在，您资助的事业都会维持下去。7年之后，假如您还在世的话，您每月将收到5000美元的支票，直到您去世。如果您用不着，您可以用来完成您的慈善事业。”

听了这番话，斯科特的眼睛变得炯炯有神，他说：“不错，我资助了3名尼加拉瓜传教士，这件事对我很重要。你刚才说如果我买了保险，那3名传教士在我死后仍能得到资助，那我总共要花多少钱？”库尔曼答：“6672美元。”最终，斯科特先生购买了这份寿险。

一般情况下，人们购买保险，多半是从保障的角度考虑，如果自己已经消除了这方面的隐患，自然不需要购买了。而库尔曼却能完成看似不可能的销售，他是怎么做到的呢？答案很简单，就是提问！通过不断追问，终于发现连斯科特自己也没意识到的另一种强烈需要——慈善事业。当库尔曼帮助斯科特找到这一深藏未露的需要后，购买寿险来满足这一需要，对斯科特而言就成了主动而非被动的事。

的确，有时候，人们并不一定能意识到自己的内心所需。商业谈判中，一般都由领导出面与客户交涉这些利益问题。如果客户不能意识到自己对产品的需求，那么，他们是不会干脆地提出购买要求的。此时，领导者一定要发挥自己的口才，你有必要通过不断提问来帮助对方发现这种需要。如果你能帮助对方发现自己内心的需要，那么，你的成功谈判就变得易如反掌。

其实，身处商场，无论是推销，还是商务谈判，其精髓就在于找到人们心底最强烈的需要。那么，怎样才能找到对方内心深藏不露的强烈需要呢？对此，库尔曼有一个办法就是不断提问，"你问得越多，客户答得越多；答得越多，暴露的情况就越多，这样，你就能一步一步化被动为主动，成功发现对方的需要，并设法满足他。"尤其是在对方行为退缩，默不作声或欲言又止的时候，我们可用询问行为引出对方真正的想法，了解对方的立场以及对方的需求、愿望、意见与感受，并且运用积极倾听的方式，来诱导对方发表意见，进而对自己产生好感。一位优秀的沟通好手，绝对善于询问以及积极倾听他人的意见与感受。

总之，年轻人，在商务活动中，如果你也能多种方式综合运用，先找出对方的需求点，然后围绕这个需求点进行谈判，对方就很可能接受采用我们的谈判建议！

人生启示

按照常理，我们越是说服他人购买自己的产品，对方就越会认为我们的话中有水分。而如果我们能挖掘出对方的需求，让对方对产品产生一种情愫，那么，对方必定会心甘情愿地花钱购买。

★我们是在为穷人炼油

洛克菲勒曾说："我们是在为穷人炼油，他们必须买到便宜的和好的东西。"这句话为很多从事商业活动的年轻人指点了迷津：要想赚取财富，就要把精力投入到大众中去，而不是从少量富人身上挖掘市场。洛克菲勒被很多商界人士奉为神话，他曾经在美国积聚最大的个人财产，比J·P·摩根、哈里曼、杜邦、卡内基以及19世纪任何其他大财主的财产都大得多。他之所以坐拥众人羡慕的财富，是与他的经商之道不无关系的，他曾经在商圈中建立了一套人人敬畏的商业体系——重视穷人的利益，为穷人服务。

曾经，洛克菲勒曾经遇到一位商场劲敌，他企图打破洛克菲勒努力建立起来的商业体系。

洛克菲勒曾经承认，他非常敬佩本森的勇气，但这并不代表他会谦让。

那时候，洛克菲勒刚刚打败了全美最大的铁路公司——宾州铁路公司，成功制服了全美第四家也是最后一家大型铁路公司——巴尔的摩·俄亥俄铁路公司。就这样，连同他最忠实的盟友——伊利铁路公司和纽约中央铁路公司，全美四大铁路公司全都成为他手中驯服的工具。可以说，此时洛克菲勒的生意正蒸蒸日上，并且，他掌管的标准石油公司的管道正一步步地延伸到油田，这更让洛克菲勒获得了主要铁路干线和油井的绝对控制权。

洛克菲勒在商界的地位是大家心照不宣的，甚至可以说，他决定着很多人的生杀大权，尽管他并没有那么做。然而，本森却故意挑衅。

本森要铺设一条从布拉德福德油田到威廉斯波特的输油管道，去拯救那些唯恐被洛克菲勒击垮，而急欲摆脱洛克菲勒束缚的独立石油生产商们，当然，想从中大捞一把的念头更支配着他勇闯洛克菲勒的领地。他们动作迅速地进行着这项工作，当然，洛克菲勒也没有掉以轻心，他掌握着他们的一举一动。

看到本森的这些行为，洛克菲勒决定主动出击了。刚开始，他反击的方法并没有起到多少效用：他用高价买下一块沿宾州州界由北向南的狭长土地，企图阻止本森前进的步伐，但本森采取绕行的办法，躲过了他打出的重拳。结果他成了无所作为的地主，却让那里的农民一夜暴富。接着洛克菲勒动用了盟友的力量，要求铁路公司绝不能让任何输油管道跨越他们的铁路，本森如法炮制，再次成功突围。最后洛克菲勒想借助政府的力量来阻击本森，但没有成功，只能眼睁睁地看着本森成为英雄。

此时的洛克菲勒更加意识到了问题的严重性，但这并没有动摇他打败对手的信心。他明白，那条长达110英里的管道是他最大的威胁，如果任由原油在那里毫无阻碍地流淌，流到纽约，那么本森他们就将取代他成为纽约炼油业的新主人，同量也将使他失去对布拉德福德油田的控制权，这是他不能允许的。

洛克菲勒并不是赶尽杀绝的人，他的目的很明确：用不太高的价格，得到他想要的东西，然后重新建立起商界秩序。所以，当那条巨蛇即将开始蠕动的时候，他向本森提议，我想买你们的股票。但很不幸，他被拒绝了。

本森的态度激怒了很多人，主管公司管道运输业务的奥戴先生要用武力毁了它，以惩罚那些不知好歹的家伙。洛克菲勒当然反对这种方法，在他看来，这是无耻的勾当，他很厌恶这种邪恶而下作的想法，认为只有无能的人才会干这类令人不齿的勾当。他告诉奥戴：杀了你那个愚蠢的想法！我从来没有想到会输，但是即使输了，唯一该做的就是光明磊落地去输。

当然，最后洛克菲勒采取了一条让本森难以招架的措施——向石油生产商下订单，让本森在没有储油罐可用。本森终于输了，输得心服口服。

的确，洛克菲勒一直坚持一个观点：无论做人还是赚钱、做生意，都要遵守一定的秩序，遵守秩序，会保证我们都在正确的轨道上行进。洛克菲勒被誉为商界之神，就是因为他不但遵守而且维护商界秩序，以保证穷苦人民的利益，绝不允许任何人破坏。他曾说："我赚的每一份钱都是光明正大的。"

生活中的年轻人们，在商业活动中，无论你现在处于什么样的地位，拥有多少财富，你始终都要记住，要代表大部分人，为大部分劳苦大众谋福利。如此你最终也会得到他们的支持，你还愁没有钱可赚吗？

人生启示

得人心者得天下，保证绝大多数人的利益，他们就会为你投一票，你的信誉度就会大大提高，而你的钱包也会因此鼓起来！

★洛克菲勒眼中的"商业"与"友谊"

洛克菲勒曾说："要物色这样一个人，他能够完成你所需要他为你完成的具体任务，然后就放手地让他做。建立在商业业务上的友谊远比建立在友谊上的商业业务来得好。”这句话是要告诫所有参与商业活动的年轻人们，经营事业、管理企业，要懂得招揽人才和那些忠臣良将，从而让自己的事业如虎添翼。事实上，洛克菲勒的霸业就离不开一批忠诚的良臣猛将，即使洛克菲勒退休后，这些人还在为标准石油公司卖力。

无论干什么事业，人才都是成功的保障。我们再来看刘邦关于用人的经验之谈：

一统天下之后的刘邦，建立了汉室江山，已经高高在上的他一时兴起，大宴群臣。在宴会上，他乘着酒兴，问群臣："你们知道为什么我能够夺取天下，而项羽有那么多军队却失去了天下吗？"

这一问题一直是众大臣谈论的焦点，但似乎没有谁能得出定论，于是，大家开始七嘴八舌地讨论起来。

此时，有大臣答道："您治军严厉，甚至苛刻；项羽太讲仁义了。"

有的说："您最大的特点，是有功者赏，有罪者罚；而项羽嫉贤妒能，有功者害之，贤能者疑之。这就是您得天下而项羽失天下的原因。"

刘邦笑了，说："你们只知其一，不知其二。我之所以能夺取天下，主要是因为我善于识人用人。要说运筹帷幄之中，决胜千里之外，我不如张良；管理国家，安抚百姓，做好军队的后勤保障工作，我不如萧何；统帅百万之众，战必胜，攻必取，我不如韩信。这三个人是人中之杰，我能大胆地使用他们，而项羽有一个范增却不能用。这就是我能夺取天下，项羽却失去天下的原因啊！"

从刘邦的这一番话中，我们不难理解，他之所以能打败拥有百万雄师的项羽而成为一国之君，是因为他善于用人。作为一个团队的领导者，实际上，并不一定要有很深的专业技能知识，而是要有一定的才能，尤其是如何识人用人的才能。刘邦与项羽，一个是混于市井之人，一个出身于官宦之家；一个不爱读书，一个饱读诗书。表面上看，项羽占有了全部的优势，刘邦处于弱势，但最终却是刘邦一统天下，项羽垓下自刎。这其中的主要原因之一，我们归结起来，便是刘邦善于用人，精通识人之术，而项羽不会识人用人，最后只好演出一场“霸王别姬”了事。

李景全是香港有名的实业家，属于“新贵”一族。从一个顽皮少年成长为香港小有名气的实业家，李景全的成功之路给了年轻一代许多启示。李景全的建超实业公司，每年的营业额达7000万港元以上。当年独立门户时，李景全只有18岁。

从小就比较顽皮的李景全，上学时是个典型的“问题学生”。他自己坦言，在校时常常呼朋唤友“闹事”，感觉自己不是块读书的料。1983年，中学还没念完的李景全走出了校门，老老实实地替人打工。他的第一份工作是在一家电子公司当电子零件推销员。尽管是送货，但他却有机会与许多电脑行家混熟，结识了一些从事电脑业的老板，包括他后来的贵人曾文忠等。这使他逐渐对电脑业产生了兴趣，由此萌发了自己创业当老板的念头。

一年后，18岁的李景全兴致勃勃地拿出2万元积蓄和一位“老行尊”同事合伙在旺角租了个300多平方英尺的地方，开了一家小型工厂，专替电脑商装嵌电脑界面板。

像李景全这样一个小人物一下子成了商界 “新贵”之人，他选择的就是和一个“老行尊”同事合伙，这样，在创业的路上，就避免了一个年轻人会犯的很多错误，少走了很多弯路。乍一看，他并无贵人的相助，可实际上，他给自己找了一个好老师。

纵观当今林立的企业，有的企业曾几何时多么辉煌，却昙花一现。原因何在？可以说，成功的企业都是一样的，失败的企业各有各的原因，但有一点是共同的，那就是在用人上都是失败者。“沉舟侧畔千帆过，病树前头万木春。”在折戟沉沙的企业面前，一批批企业巨轮扬帆远航，追寻这些企业成功的足迹，它们无疑不是选人用人的成功者，无疑不是聚集了一批实力雄厚的人才。

因此，年轻人，如果你正在经营自己的事业，那么，你很有必要为自己物色一位或者几位忠心耿耿、能力突出的得力助手；如果你正在管理企业，那么，你很有必要提高员工的素质，要随时随地地开展员工教育与培训工作，启发员工的思想，更新员工的技术。

人生启示

现今的时代是一个竞争十分激烈的时代，一个人怎样在这个时代脱颖而出，的确不是一件容易的事。但如果我们有助手相助，那么我们就能顺利许多。也许你是一个十分聪明的人，有着足够的胆识谋略，但是，如果你得不到别人的帮助，你只能单打独斗，只能自己默默地付出，成功的难度也会无形中加大很多。

★有些商业机密必须保守，否则损失惨重

可能很多年轻人都知道，真诚待人是为人处世的第一原则。但你千万要明白的是，热情能换来热情，却不一定能换来别人同样的真诚，尤其是在商业活动中。如果你把所有人都当成朋友，把什么秘密都和盘托出，那么，你很可能会给自己带来危险。这正如洛克菲勒说的：“有些商业秘密是要严格保守的，否则你可能一事无成。而对局外人来说，让他保守秘密的最好方式就是什么也不要告诉他。”

的确，人们常说，商场如战场，在与人打交道的过程中，我们往往无

法看透他人的真正目的。也有一些小人，他们会为了套取你的商业秘密而故意接近你。开始的时候，他们看起来是那么善意，那么富有诚意，对你又那么关心，你可能感动得想把自己的一切都告诉他。但你要清楚的是，那些商业秘密事关团队乃至整个企业的生死存亡，也是打败竞争对手的秘密武器，一旦泄露，后果不堪设想。

我们发现，一些精明的商场人士都有自己的方法挖掘出他人接近自己的真正意图。我们先来看下面一个故事：

小王是一名外企职员，负责市场部的信息工作。最近，小王接到了经理分配的一个任务，就是去探清楚合作公司的虚实，因为该公司有利用这种商业联谊窃取商业机密的嫌疑。

这可把小王急坏了，这根本是件没突破口的任务，因为在对方公司，小王也没有认识的熟人。苦苦思索之后，小王豁然开朗，既然没办法让他们自己承认，就只有主动出击了，他想到的办法就是让对方代表“酒后吐真言”。

那天，小王把那位代表约出来，两人很快地就称兄道弟了，然后小王慢慢地给对方灌酒。那人的酒量不好，不到一会儿，就开始“胡说八道”了，小王乘机问：“你们和我们公司合作到底是为了什么？”从那个人“口供”中，如小王和所有领导所料，他们公司只不过是为了获得第三方的资料。

现代社会，人们从事社交活动，多是带有一些目的的，其中也不乏对我们不利的目的。我们只有识破对方的目的，才不会在交际中被人利用。像小王一样，必要时候若我们能采取一点非常手段——向对方敬酒，对方的意图就能一目了然。

因此，任何一个年轻人，在商业活动中，你要学会以下两点：

1.逢人只说三分话，未可全抛一片心

关于藏和露，我们要把握好尺度，需要你表现自己才能的时候，你就要大胆地表现，只有这样，才能得到他人对你能力的肯定。但切不可过分，要把握好藏与露之间的度。不可锋芒太露、得罪人。在日常工作和生活中，不要过于暴露自己的一些个性弱点，勿太坦诚。这样做就能让人摸不清你的底细，自然不会随便利用你、陷害你。不给人放冷箭的机会，也就有效地保护了自己。

2.善于观察，洞察人心

面对利益的争夺时，有些人会不择手段。我们可以保证自己不对别人放"暗箭"，却决定不了别人不对自己放暗箭。这就要你聪明一点，多看、冷静地判断，更不要相信别人的花言巧语。一般而言，人们在"良言美语"和"糖衣炮弹"的"贿赂"下，会更容易失去抵抗"暗箭"的能力，从而容易任人摆布。

总之，年轻人，在商业活动中，你一定要有防范之心。我们中国有句古话："害人之心不可有，防人之心不可无。"对于那些伪善的人，我们一定要做好防范工作，切记不要让他们完全掌握你的秘密和底细，更不要为他们所利用，或一不小心陷入他们的圈套之中。

人生启示

在商业竞争中，一些新手习惯与对手"交朋友"，不料却害了自己。年轻人应该记住的是，商场如战场，不要对任何人推心置腹，尤其是一些商业秘密，更不能轻易泄露。

★商场上真正高明的“骗术”为你带来财富

洛克菲勒曾说：“装傻是一门学问。在商场上，成功了的骗术并不是骗术。”这句话是对中国传统中“大智若愚”的智慧的另一种诠释。所谓“花要半开，酒要半醉”，聪明的年轻人们，初入职场的你也应该懂得一些处世之道，其中就包括装傻。与同事、上司交际的过程中，你要懂得适时“装傻”的技巧，装傻可以为人遮羞，自找台阶；可以故作不知达成幽默，让别人放下心中的警惕和芥蒂，成功地攻破人心。

不知你是否有这样的感受：在一次聚会上，你的朋友为你引见了两个新朋友，他们一个看起来很精明，说话头头是道，毫无破绽；一个稍显愚钝，甚至不知如何接下你的话题，对于这样两个人，你会觉得谁更值得信任呢？很明显是后者。因为人们都有这样的心理：精明的人在人际交往中目的性更强，甚至更会耍心机。

洛克菲勒曾在给儿子的信中说：“自作聪明的人是傻瓜，懂得装傻的人才是真聪明。如果把聪明视为可以捞到好处的标准，那我显然不是一个傻瓜。”同时，他还提到了一次自己曾经装傻的经历：

那时候，洛克菲勒正在为钱发愁，他急需1.5万美元。这天，他走在大街上，还在思考怎么借到钱。此时，一个银行家拦住了他的去路，然后对他说：“你想不想用5万美元，洛克菲勒先生？”我怎么这么走运？洛克菲勒这么想，他简直不敢相信自己的耳朵，但他并没有表现出十分高兴的心情，而是冷静地看着对方，然后慢条斯理地说：“是这样……你能给我二十四小时考虑一下吗？”结果，他以最有利于自己的条件与他达成了借款合同。

洛克菲勒曾直言不讳地说装傻给他带来了很多的好处。在他看来，装傻的定义是，摆低姿态，变得谦虚，换句话说，就是瞒住你的聪明。越是聪明的人越有装傻的必要，因为就像那句格言所说的——越是成熟的稻子，越垂下稻穗。

当然，除了大智若愚以外，我们还可以睁一只眼闭一只眼，揣着明白装糊涂，这是一种大智慧。与人打交道，语言的功效固然不容置疑，但是很多时候单凭言语难以说服对方，而采用交际情境表义，睁一只眼闭一只眼，采用一些“虚张声势”的小计谋，常可产生言语不能达到的效应，这就是聪明人的装傻哲学。

当然，装傻需要较好的演技，要于“大愚”之中藏大智。真正有智慧的人是看不出来的：姜子牙用直钩钓鱼，放弃了河中三寸草鱼，钓来500年周氏天下，是舍小取大的智者。范蠡，辅明主，三千勇士奇吞十万铁甲；辨时事，功成知危携美人归隐江湖，是个不可否认的智者、财神。诸葛亮曾躬耕于南阳，而定天下三分之势，屈身于草庐，却引刘备三顾而不辞辛劳。后虽误用马谡而失街亭，虽死守承诺而扶阿斗，但是无人能够否认他是典型的智者。而红楼梦中的王熙凤，“机关算尽太聪明，反误了卿卿性命”，“凡鸟偏从末世来，都知爱慕此生才。一从二令三人木，哭向金陵事更哀。”最有才干的人逃脱不了“千红一哭，万艳同悲”的命运。

对于年轻人而言，人生经验尚浅的你，千万不能锋芒毕露，而要学会装装糊涂，让自己暂时处于“傻者、弱者”的角色上，让别人忽略自己，这样能消除他人的芥蒂心，从而有利于更进一步的交往。

具体说来，你需要做到：

1.睁一只眼闭一只眼，不要指出对方的错误

即使你发现你的同事做错了事、说错了话，你也要做到揣着明白装糊涂，这是一种大智慧。的确，语言的功效固然不容置疑，但是很多时候单凭言语难以说服对方。采用交际情境表义，睁一只眼闭一只眼，如果对方在言论中有一些错误，不要第一个跳出来指出，否则会让他人很没面子。要知道，没有人喜欢与让自己出丑的人结交。

2.修炼“演技”，藏好自己

与人交往，你虽然不需要“定天下”的大智慧，却也要懂得适时“装傻”，不露自己的高明，更不能纠正对方的错误。做一个单纯的人，更易赢得信任！

3.显露才华要适可而止

商场上，我们显露才华要适可而止，适当的时候要装装傻。当然，装傻也需要很好的演技，否则，如果没有掌握得恰到好处，反而会弄巧成拙。

总之，每一个处于职场的年轻人都应该谨记：与同事、领导打交道，切忌锋芒毕露，要学会圆润处事，要学会半开半合，微醉微醒，做个装傻的明白人！

人生启示

商场上，那些做事太过认真、爱较真，或者说死心眼的人，总是吃不开。“难得糊涂”确实是一剂人生“良药”，小则使自己免受伤害，大则能助自己飞黄腾达。

★我们最终获得的远不只是当下看到的

相信现实生活中，任何一个年轻人，都怀揣梦想，希望可以大展拳脚，但现实的状况可能是，面对每天都必须做的重复的工作，他们可能已经失去热情，甚至开始抱怨，并拒绝作出改变。如果你问他们，为什么不干脆辞职，或者要求调任，或者做点什么来改变这种局面，他们总是有各种各样的借口：我还要还贷款；我的家人不允许我这么做；我对这份工作已经习惯了；也许没有更好的地方了；我的工资很高，我舍不得放弃这份高薪工作；我没有其他方面的技能；我只会做这个等。而这些，都是对工作不热爱的表现。以这样的状态，你会发现，工作是枯燥的，工作效率也是低下的。事实上，无论你从事哪行，热情都是你成功的动力。

“我们劳苦的最高报酬，不在于我们所获得的，而在于我们因此成为什么。”这是洛克菲勒的名言，他说，热爱工作是一种信念。怀着这个信念，我们能把绝望的大山凿成一块希望的磐石。年轻人，你要记住，成功始于源源不断的工作热忱，你必须热爱你的工作。热爱你的工作，你才会珍惜你的时间，把握每一个机会，调动所有的力量去争取出类拔萃的成绩。

在一封写给儿子的信中，洛克菲勒告诉小约翰：“工作是一项特权，它带来的不仅仅是维持生活的物质，还有生意的基础，也会塑造天才，工作让年轻人奋发向上。但要做到这些，必须有个前提，那就是热爱工作。的确，我们都知道，任何一个行业，要做到顶尖，就必须要努力，就要作出牺牲。然而，这个牺牲，并不是要付出代价，而是要孜孜不倦地专注、热爱自己的工作，衷心喜爱从事的工作，自然也就成功了。”

然而，确实有些人不够聪明，他们虽然有向上的野心，却总是对手头的工作挑三拣四，总是在寻求最完美的工作或者雇主。但矛盾就在于此，每个老板、上司也希望公司能够寻求到那些格外努力、格外忠心、格外热心、愿花更多时间做事的雇员，因为他在经营生意，而不是在做慈善事业，他需要的是那些更有价值的人。

也有一些人，在工作中，他们喜欢耍小聪明，要么上班迟到、早退；要么假公济私，借着公差游山玩水；要么中饱私囊。这些人自以为得计，但他们的损失将远远大于他们的所得。这种人，也许会得逞一时，但终将失败一世，永远与成功无缘。科学研究表明，人一旦对某活动产生了兴趣和热情，就能提高这种活动的效率。古今中外许多科学家、发明家取得伟大成就的原因之一，就在于由浓厚的兴趣所产生的强烈的求知欲望。

可见，对于工作，“热爱”才是最大的动机，只有热爱，才会产生意愿、努力、成功。年轻人，从现在起，开始热爱你的工作吧，那么，你会自然而然地产生积极性、作出努力，你就能在最短时间内进步。在别人看来是千辛万苦的事，而本人非但不认为苦，还觉得苦中有乐。

可能你会说，你是在为别人打工，再怎么热爱也不会成功。实际上，每个成功者都经历过打工的过程，但对工作的不同态度造就了不同的结果。如果你能抱着学习各种经验的态度对待现在的工作，那么，工作所能带给你的，要远比工资带给你的多得多，因为每一项工作中都包含着许多个人成长的机会。 而那些因为薪水低而对工作敷衍塞责、当一天和尚撞一天钟的人，固然对公司、老板是一种损害，但长此以往，无异于降低自己的价值，会使自己的生命枯萎，将自己的希望断送，使自己维持在一种低档次的生活水平上，过着一种庸庸碌碌、牢骚不断的生活，并因此而埋没了自己的才能，湮没了生命应该有的那种创造力。

因此，热爱你的工作吧！一个人所从事的工作，是他获得幸福的源泉，是他的理想所在，是他对待人生态度的体现。工作将填满你的大部分人生，人生唯一能获得真正满足的方法就是——做你相信是伟大的工作，而伟大的工作就是你所热爱的事业。我们可以从工作中释放自己的热情、释放自己的能量、释放自己的智慧，来获取一份快乐，一份成功！

人生启示

世界上没有卑微的工作，只有卑微的心态。如果你以麻木的态度对待工作，就是亵渎了自己和自己的工作。要热爱自己的事业，这是成功的起点。在喜欢自己工作的情况下，即使做得再累，也往往不会觉得辛苦。事实上当一个人真正喜爱自己的工作时，他根本就不会觉得是在受累，而是感觉在享受。

★无论是对手还是你的合作伙伴，你都要先认真了解

人们常说，人心是这个世界上最复杂、最难琢磨的东西，它隐藏在人内心深处，并没有写在额头上。同样，在复杂的商业活动中，无论是竞争对手还是合作伙伴的背景，我们都有必要了解，这正如洛克菲勒说的："了解每一个对手，甚至合作伙伴的背景，对自己的事业往往具有出乎意料的帮助。"

同样，涉世未深的年轻人，你也应该留点心，即使是与你一起合作的人，你也不要过早对他掏心掏肺，要从长计议，将自己的眼光放远一点，你就会发现一个道理：人，形形色色，千差万别，在错综复杂的事物背后，人的本质似乎高深莫测，看来看去都是雾里看花，捉摸不定。

孙膑和庞涓是同学，拜鬼谷子先生为师一起学习兵法。同学期间，两

人情谊甚厚，并结拜为兄弟，孙膑稍年长，为兄，庞涓为弟。有一年，当听到魏国国君以优厚待遇招求天下贤才到魏国做将相时，庞涓再也耐不住深山学艺的艰苦与寂寞，决定下山，谋求富贵。孙膑则觉得自己学业尚未精熟，还想进一步深造；另外，他也舍不得离开老师，就表示先不出山。

于是庞涓一个人先走了，临行前他对孙膑说："我们弟兄有八拜之交，情同手足。这一去，如果我能获得魏国重用，一定迎取孙兄，共同建功立业，也不枉来一回人世。"

庞涓在魏国很快得到了魏王的重用，慢慢地他的声威与地位也提高了，魏国君臣百姓，都十分尊重他、崇拜他。而庞涓本人，也觉得自己取得了盖世大功，不时向人夸耀，大有普天之下、舍我其谁的气势了。这期间，孙膑却仍在山中跟随先生学习。他原来就比庞涓学得扎实，加上先生见他为人诚挚正派，又把秘不传人的孙子兵法十三篇细细地让他学习、领会，因此，孙膑此刻的才能更远远超过庞涓了。

当孙膑下山后，到魏国先去看望庞涓，并住在他府里。庞涓表面表示欢迎，但心里很是不安、不快，唯恐孙膑抢夺他一人独尊独霸的位置；又得知自己下山后，孙膑在先生教诲下，学问更高于从前，十分嫉妒，产生了要置孙膑于死地的恶念。在他设计的圈套下，孙膑被挖去了膝盖骨。

"本是同根生，相煎何太急"，孙膑又何曾料到，昔日与自己一起读书习武的庞涓竟会加害于自己，但庞涓最终还是败在了大智若愚的孙膑手里，"围魏救赵"一战中，他被齐兵乱箭射死。

从这个故事中，我们也可以得出一个道理：手足兄弟尚且能够如此，对于未曾了解的人，更不能轻易相信。商业活动中我们更应该做到这样。可以说，即使跟你一起合作的伙伴，也有可能为了自己的利益心怀鬼胎；而对于你的竞争对手，你更应该摸清底细，只有这样，才能击中对方的软肋，一击即中。那么，我们到底该怎样做，才能了解对手和自己的合作伙伴呢？对此，你可以采用长期考察法。

“长期考察法”可算是是最有效的一种识人方法。可是，生活中，我们却发现，为什么有些人在原来的岗位干得很好，到了新的岗位却表现不佳？为什么有些人，即使你与他相识很久，却依旧不了解他？难道长期考察的方法有问题吗？

其实，“日久见人心”的精要之处不在“日久”——不是时间长了，就一定能看出人的本质来，而是因为时间长了，发生的“事件”足够多了，人的特质就更多地暴露出来了。

对人评估的秘密武器就是“关键事件”，这个关键事件能够把人的重要特质充分展示出来。

因此，我们对一个人的了解是需要一个过程的，是需要时间来验证的，也是需要经过事件的磨炼的。要想真正了解一个人，认识一个人，必须与他（她）打交道，与他（她）处事，方知对方是否可交。

人生启示

商业活动中，对你的对手或者合作伙伴的性格、人品的考察，能帮助我们减少很多不必要的麻烦。当然，这一考察需要经历一定的“时间”、“事件”，长期考察的好处，就在于对重复出现的特点有更加准确的判断力。通过关键事件的频繁出现，我们就能够把人看准。

★练就属于自己的美好个性，增强吸引力

生活中，我们发现有这样一些人，他们是天生的领导者，无论置身于

何处，他们都具备强有力的领导风范，一言一行都能让他人感到信服；而相反，有些为人领导者却感叹自己没有领导威信。其实，人际交往中，我们每个人若希望自己的言行有分量，这就需要我们学会修炼自己的领导气质。

洛克菲勒曾说："如果你想从人际交往中得到真实的情感体验，就应当在领导商会的过程中，使自己的聪慧、自信、能力，以及善待他人的良好特质形成一种吸引人的光芒。"从他这句话中，我们大致能看出一个领导者需要具备的气质——聪慧、自信、能力、友善。

洛克菲勒的儿子西恩在一次商会会长选举中，被大家推荐为新的会长。可是，那时候的西恩只有32岁，他害怕自己胜任不了，于是，回家后，他想让父亲给自己一点建议。

"祝贺你，这是好事啊，我们该庆祝一下。"听到这个消息后，洛克菲勒很高兴。

"可是，爸爸，我现在还年轻，是不是不合适呢？"西恩很腼腆地说。

"我的儿子，你怎么会有这种想法呢？要知道，正是因为年纪轻轻就成为会长，才说明大家相信你的能力，你应该感到荣幸。"

"可是，爸爸，我的前任托玛斯76岁，我和他差得太远啦。"

"你可不要有这样自卑的想法，一个人是否足够有能力做一件事，跟他过了几次生日没有关系。即使前任会长比你年长，也并不意味着你就不能成为一名才华超众的领导者。你是大家好意选出来的，你要相信他们的眼光。如果我告诉你，那些满肚子墨水的会长们，却连把母牛牵进牧场都做不到，你一定会为此大感惊奇吧。"

"真的吗？不会吧。"西恩爆笑道。

"所以，你根本不必为此而担心，你所应做的就是充分地拥有自信，学会运用感人的领导艺术统御商会。具体到做法中，你应当遵循下列三个原则：第一，领导者要以非凡的气度和美的外表形象感人。第二，领导者要以高尚的人格来感召他人。第三，领导者要以实干精神和以身作则的作风感人。当然，我以上所说的理论实际上只是一种总结，好在你已经做过了几年经理。

“现在，我亲爱的儿子，你还在为你的年轻担心，千万不要把它当成一种负担，许多年轻人觉得他们被自己的年轻拖累了。没错，如果有人怕自己的职位受到威胁，他可能会用‘年龄’或其他理由来阻挡你。但是那些实力派的人物就不会这样做了。他们会把他们认为你能承担的责任，尽量放手交给你。这时你就要积极地发挥你的能力，证实你的‘年轻’是一项有利的筹码。”

……

的确，洛克菲勒的话是正确的，一个人是否有领导能力和领导气质，是与他的年龄没有直接关系的。生活中的年轻人，如果你也希望将自己修炼成为一个令人信服的领导者，你不妨记住洛克菲勒的忠告，并要从以下几个方面努力：

1.要显出作为一个领导者应有的霸气

每位领导都应该有属于自己的威慑力，这样才能使得下属对你服从。这种霸气体现在领导的语言风格上应该是典雅庄重的。只要你有领导的威信，就会在语言中自然流露出领导者的气势。但要记住，有霸气并不代表高高在上、盛气凌人，如果是那样的话很容易失去人心。

2.距离产生威信

举个很简单的例子，或许你原本是个很让下属敬重的领导，却因为和下属打得太火热，而使得自己的一些缺点暴露无遗，结果失去了一个领导者应有的权威，让下属在无形中改变了对你的印象，甚至让下属觉得你这个领导令人失望、讨厌。另外，和下属走得太近，也容易将工作和生活混为一谈，容易丧失原则，在工作中易出现失误。因此，企业管理心理学专家的研究认为：企业领导要搞好工作，应该与下属保持亲密关系，但这是“亲密有间”的关系。雾里看花，水中望月，往往给人“距离美”的感觉。实际上，人与人之间的交往也是如此，尤其是那些希望树立威信的人，更应该与他人保持一定的距离。

3.以领导者的身份关心他人

与他人保持距离，并不是要我们矫揉造作、刻意与他人拉开距离。相反，我们更应该关心他人，无论是对方自己还是他关心的人，你都应该关心。例如，当对方家中有事时，你可以出面帮忙；当对方遇到了不幸的事时，你一定要第一时间出现，帮助他渡过难关，甚至还要发动大家给予帮助，解除对方的后顾之忧。这样，无形中，对方必能感受到你的领导风范，进而信服于你。

人生启示

无论是谁，要想成功使他人信服于我们，都要修炼领导者的气质，在说话、做事时体现出领导风范，真正做到有高度、有深度！

参考文献

[1] 约翰·D.洛克菲勒.留给儿子的38封信[M].北京：中国妇女出版社，2012.

[2] 罗恩·切尔诺.洛克菲勒[M].北京：国际文化出版公司，2007.

[3] 融智.洛克菲勒给年轻人的忠告[M].北京：中国华侨出版社，2012.